中公新書

阿部拓児著

アケメネス朝ペルシア

——史上初の世界帝国

中央公論新社刊

はじめに――「史上初の世界帝国」

いまから二五〇〇年以上前の古代オリエント(西アジアとエジプト)に、二つの巨大帝国があい前後して栄えた。メソポタミア北部を中心に興亡した新アッシリア帝国と、イラン高原から拡大したアケメネス朝ペルシア帝国である。本書はこのうち、後者のアケメネス朝ペルシア帝国の歴史を記述する。

ペルシアとは、狭義にはイラン高原南部、現在のイラン共和国ファールス州一帯を指す歴史的な地名である(地域として指す場合にはペルシス、もしくはパールサの呼称が一般的)。そしてペルシア人とは、前二〇〇〇年紀中頃に北部からこの地域に流入、定住したと推測される集団を指す。ペルシア人は歴史上幾度となく強力な国家を築いたが、そのうち最初にして最大のものがアケメネス朝ペルシア帝国であった。したがって広い意味でのペルシアは、ペルシスの地を飛び越えて、ペルシア人らが支配した領土すべてを指す。

新アッシリアとアケメネス朝ペルシアはいずれも、ときとして「史上初の世界帝国」と称されることがある。「史上初」の呼称が並立するのも不思議な気がするが、その理由は至極単純、「世界帝国」という言葉にとりわけて厳密な定義がないだけの話である。試みにインターネットの検索サイトで“the first world empire”と入れてクリックすると、わずかにアッシリアのほうが上回るものの、両者のヒット数は拮抗《きっこう》する。しかし筆者は、「史上初の世界帝国」の栄誉はやはり、アケメネス朝ペルシアに与えられてしかるべきだと考えている。

両帝国はともに広大な領土を治めたのだが、そこには決定的な違いがあった。すなわち、アケメネス朝ペルシアは、揺籃《ようらん》の地の位置するアジアを越え、アフリカ、ヨーロッパにまで、その支配領域を拡張したのである（新アッシリアはエジプトを征服したものの有効支配できず、ヨーロッパとアナトリアの大部分には統治がおよばなかった）。「世界」を標榜《ひょうぼう》するからには、一つの大陸に収まっていてはまずかろう。アケメネス朝ペルシア帝国は、アジア、アフリカ、ヨーロッパの三大陸にまたがる「史上初の世界帝国」なのだと言えば、どこからも文句のつけようはないはずである（0-1）。

空前の大帝国を築いたアケメネス朝であったが、その寿命はさほど長くなかった。初代のキュロス二世が帝国を創建した前五五〇年から数えて、二二〇年でこの世から消えてしまったのである。むろん、これより寿命の短い帝国はいくらでもあるが、そうは言っても、同じくアジア、アフリカ、ヨーロッパ三大陸の支配に成功したローマ帝国（後継のビザンツ帝国までふくめると、二〇〇〇年近くになる）やオスマン帝国六〇〇年の歴史とくらべると、見劣りしてしまう。ちなみにアッシリアは、都市国家アッシュルの時代から数えれば、一四〇〇年もの長寿国家だった。

とはいえ、「史上初の世界帝国」がのちの歴史に残した足跡は無視しえない。たとえば、ダレイオス一世以降のアケメネス朝の王が好んで用いた「諸王の王」やそれに類する称号は、イラン＝ペルシア系のアルサケス朝（パルティア）やサーサーン朝の王、さらにはヘレニズム時代のポントス（黒海南岸）やアルメニアの王たちにも引き継がれた。この称号はその後、イスラーム化したイランではあまり用いられなくなったが、二〇世紀の近代に入ってから、パフラヴィー朝の君主によって復活した。さらにパフラヴィー朝では一九七一年一〇月に、アケメネス朝から起算して、イラン建国二五〇〇年祭典を盛大に挙行し、自国の発展を内外に誇示している（じつは、一九七一年の二五〇〇年前にあたる前五三〇年は、アケメネス朝ペルシアの建国ではなく、キュロス二世死去の年である）。祭典はキュロスの墓の前から開始し、最終日には新設された歴史博物館で、大英博物館から貸し出された「キュロスの円筒形碑文」が、「史上最初の人権憲章」と銘打って、大々的に展示された。アケメネス朝ペルシアとい

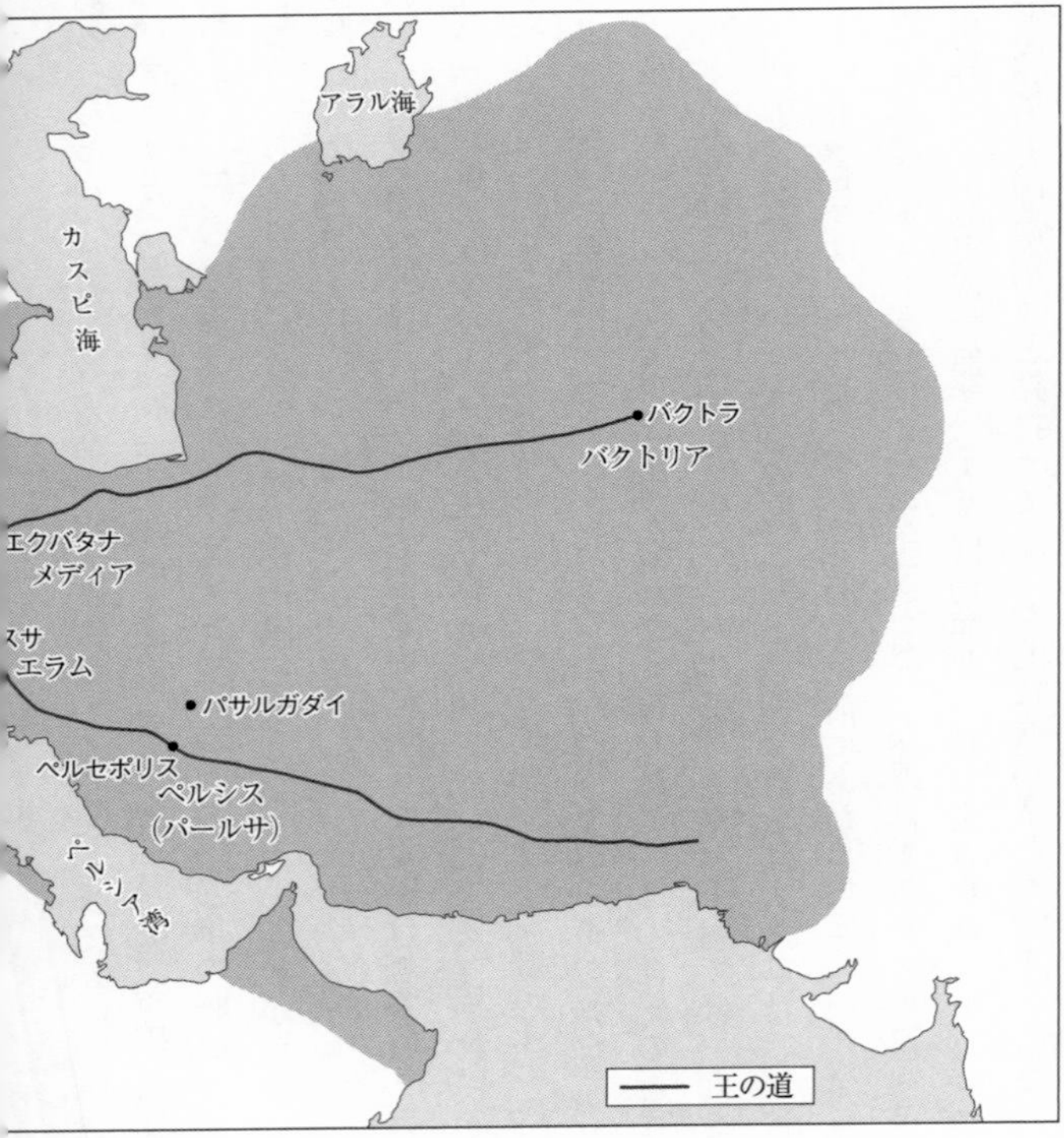
アラル海
カスピ海
バクトラ
バクトリア
エクバタナ
メディア
スサ
エラム
パサルガダイ
ペルセポリス
ペルシス
(パールサ)
ペルシア湾
王の道

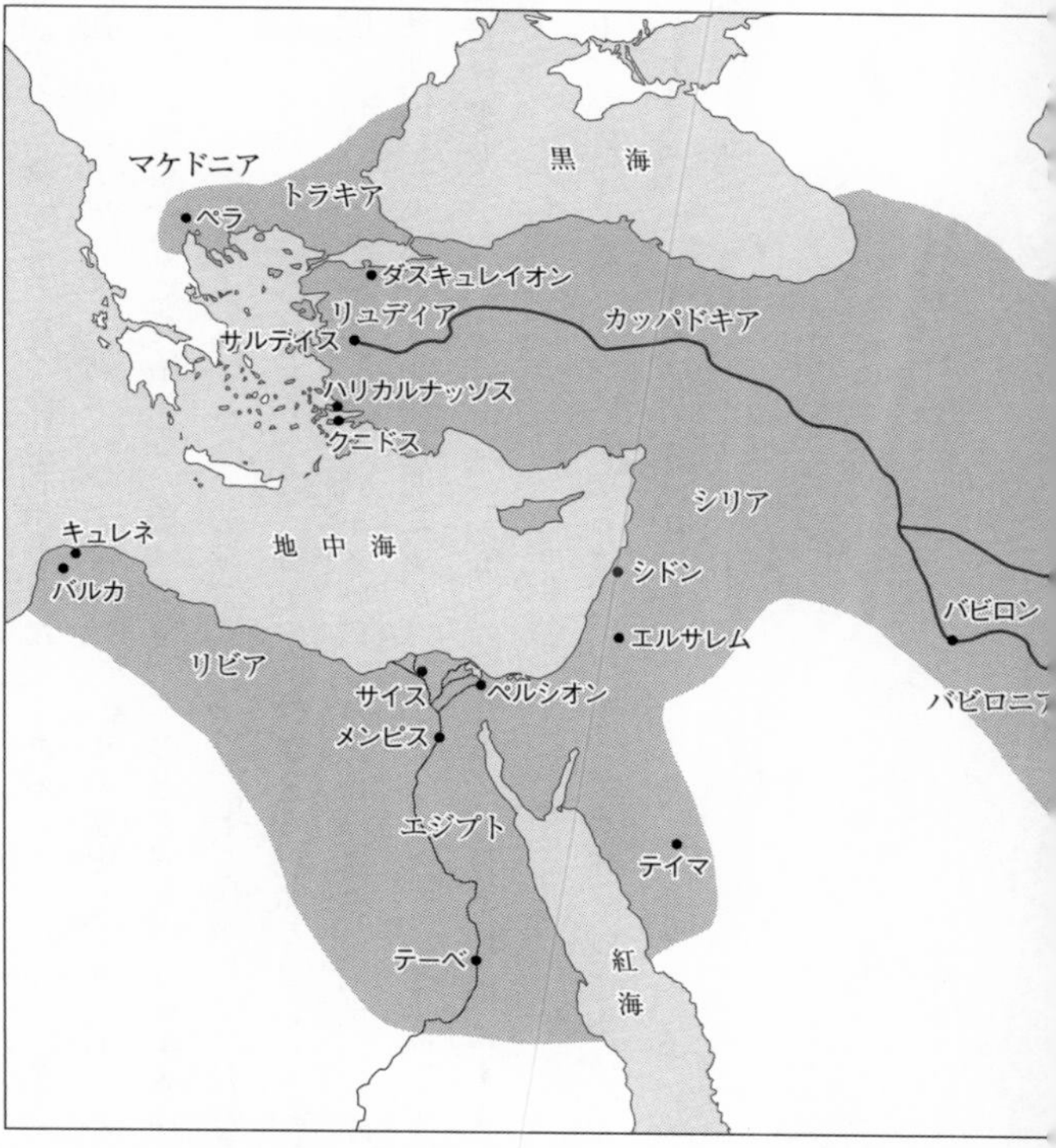

0－1　アケメネス朝ペルシア帝国　前5世紀初頭

う偉大な過去が、余すことなく政治利用された例である。

本書は強く儚《はかな》いアケメネス朝ペルシア帝国二二〇年の歴史を、九人の王の治績を軸にたどる。ただし、政治事件史に終始するのではなく、そのときどきで文化史や社会史のトピックを接ぎ木していく。このスタイルは、古代にペルシア史を叙述した二人のギリシア人史家――やたらと脱線の多いヘロドトスと、各王の治世にそう記述をなしたクテシアス――のちょうど中間を行くものである。アケメネス朝には九人のほかに、治世の極端に短い王が二人と、正式に即位したのかどうかが不明な王が二人いた。しかし、この四人をのぞけば、一人の王の治世は概して長く（平均して二四年）、度重なる反乱や紛擾《ふんじょう》にもよく持ちこたえた（0-2）。

「諸王の王」を自任するペルシア大王らは、アフラマズダ神から託されたと信じて、地上世界の統治にむき合った。それでは彼らがいかにして、そして見事に、その大役を務めあげたのかを見ていこう。

王名	在位年	死因
①キュロス2世	前550-530（ペルシア王としては前559-？）	戦死？
②カンビュセス2世	前530-522	不詳（事故死？ 自殺？）
バルディヤ？	前522	不明
③ダレイオス1世	前522-486	病死
④クセルクセス（1世）	前486-465	暗殺
⑤アルタクセルクセス1世	前465-424/3	老衰か病死
クセルクセス2世	前424/3	暗殺
セキュンディアノス？	前424/3	後継者争いに敗れて刑死
⑥ダレイオス2世	前423-405/4	病死
⑦アルタクセルクセス2世	前405/4-358	老衰死
⑧アルタクセルクセス3世	前358-338	老衰か病死？
アルセス	前338-336	暗殺
⑨ダレイオス3世	前336-330	戦時下の暗殺

0－2　ペルシア大王在位表
太字は本書がおもに扱う王／？は正式に即位したかが不明な王

目次

古代ペルシア文字の考案
「造る王」ダレイオスとペルセポリスの建都
「征服する王」ダレイオス
北方遊牧民にたいする遠征
二度目の北方遠征
対ギリシア遠征（ペルシア戦争）
ダレイオスの最期

第4章　ペルシア戦争と語りなおされるペルシア王
──クセルクセス

後継者争いと新王誕生
クセルクセスの母、アトッサ
バビロニアの反乱と鎮圧
対ギリシア遠征の再開──ヘレスポントス架橋
ギリシア本土への侵入──テルモピュライの戦い
アテナイ蹂躙とサラミスの海戦
プラタイアの戦いと「蛇柱モニュメント」
ペルシア戦争の世界史的意義
ペルシア史の文脈における対ギリシア遠征
ペルシア戦争の影響──「バルバロイの発明」

「ペルシア趣味」の流行
「クセルクセスの野外幕舎」と「ペリクレスの音楽堂」
クセルクセスの暗殺
語りなおされるペルシア王

第5章　円熟の中期ペルシア帝国
――アルタクセルクセス一世とダレイオス二世

地味な史料状況が示すもの
イナロスによるエジプト反乱
「長いペルシア戦争」と「エウリュメドンの壺」
カリアスの和約――「長いペルシア戦争」の終わり
テミストクレスの亡命
旧約聖書におけるペルシア王
「エズラ記」と「ネヘミヤ記」
ユダヤ人から見たペルシア王
ペルシア大王と宗教的寛容
アルタクセルクセス一世の最期と骨肉の後継者争い
バビロニアの総合企業
「ムラシュ家文書」とダレイオス二世の即位
ペロポネソス戦争への介入

アケメネス朝ペルシア——史上初の世界帝国

序章　アケメネス朝ペルシア帝国前夜

紀元前一〇〇〇年紀のオリエント世界

アケメネス朝ペルシア史を理解するためには、やはりその前史から語り始める必要があろう。そこで、駆け足にはなるが、アケメネス朝ペルシア出現の一〇〇〇年前まで時計の針を巻き戻そう。

前二〇〇〇年紀中頃のオリエントでは、勢力の拮抗するさまざまな国の出現を見た。メソポタミアでは北部にアッシリア、南部にバビロニアがあり、アッシリア西方のフリ人の王国ミタンニ（ミッタニ）、イラン高原南西のエラム、アナトリア中部のヒッタイト、そしてエジプトといった国家が、拡大と縮小をくり返しながら共存していた（序−1）。

このうちアッシリアは、やがてアケメネス朝ペルシアにとって帝国統治のモデルとなるた

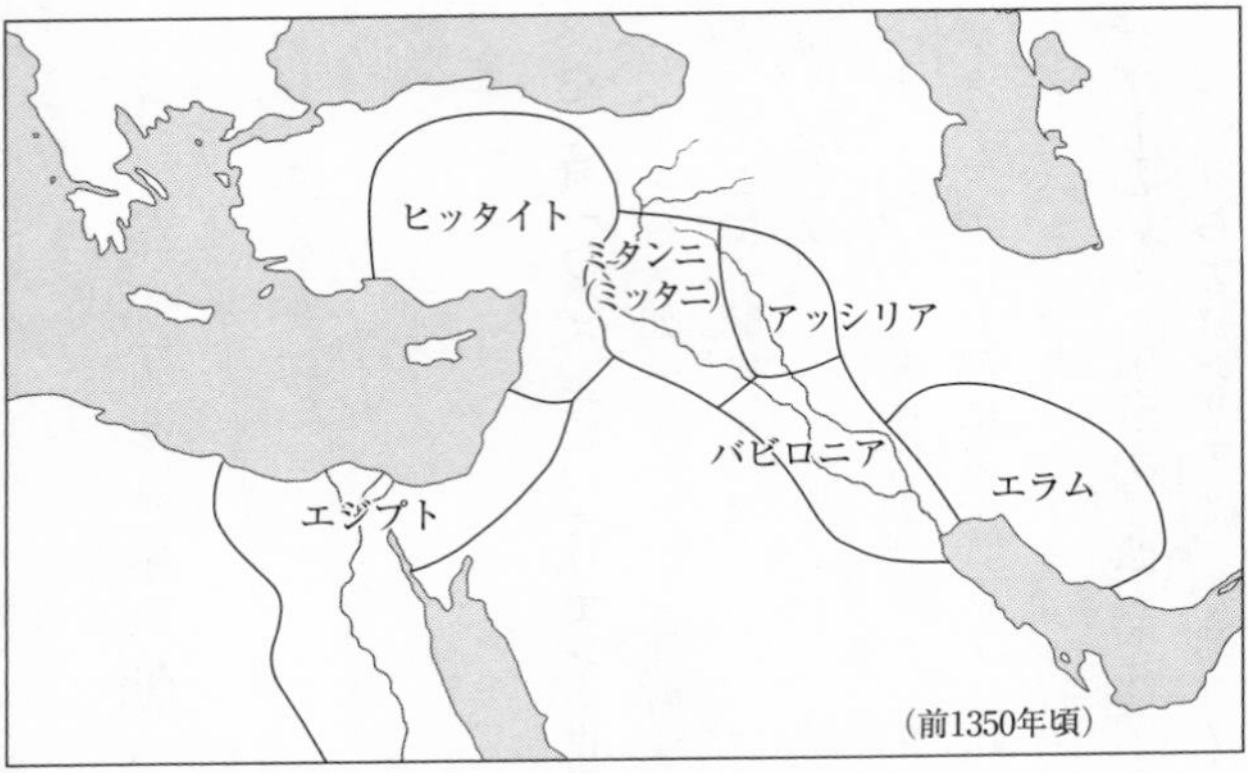

序－1　前2000年紀中頃のオリエント

め、やや詳しく見ていきたい。前二〇〇〇年頃、ティグリス川中流の都市国家アッシュルとして出発したアッシリアは、バビロニアからアナトリアにかけての遠隔地交易によって繁栄した（古アッシリア時代）。前一五世紀にはミタンニ王国の属国の地位に押しやられていたが、前一四世紀になると、そのミタンニがヒッタイトの攻撃によって衰退する。これによってアッシリアは勢力を盛り返し、一時期は隣接するメソポタミア南部のバビロニアを支配し、東地中海にも到達した。しかし繁栄は長続きせず、国内の大飢饉《だいききん》と西方からのアラム人の流入によって国力は疲弊し、ふたたび停滞期が訪れた（中アッシリア時代）。

前一〇〇〇年紀が明けたとき、先ほどの多極化した国際情勢から抜け出したのは、アッシリアだった。中アッシリア時代の停滞から次第に勢力を

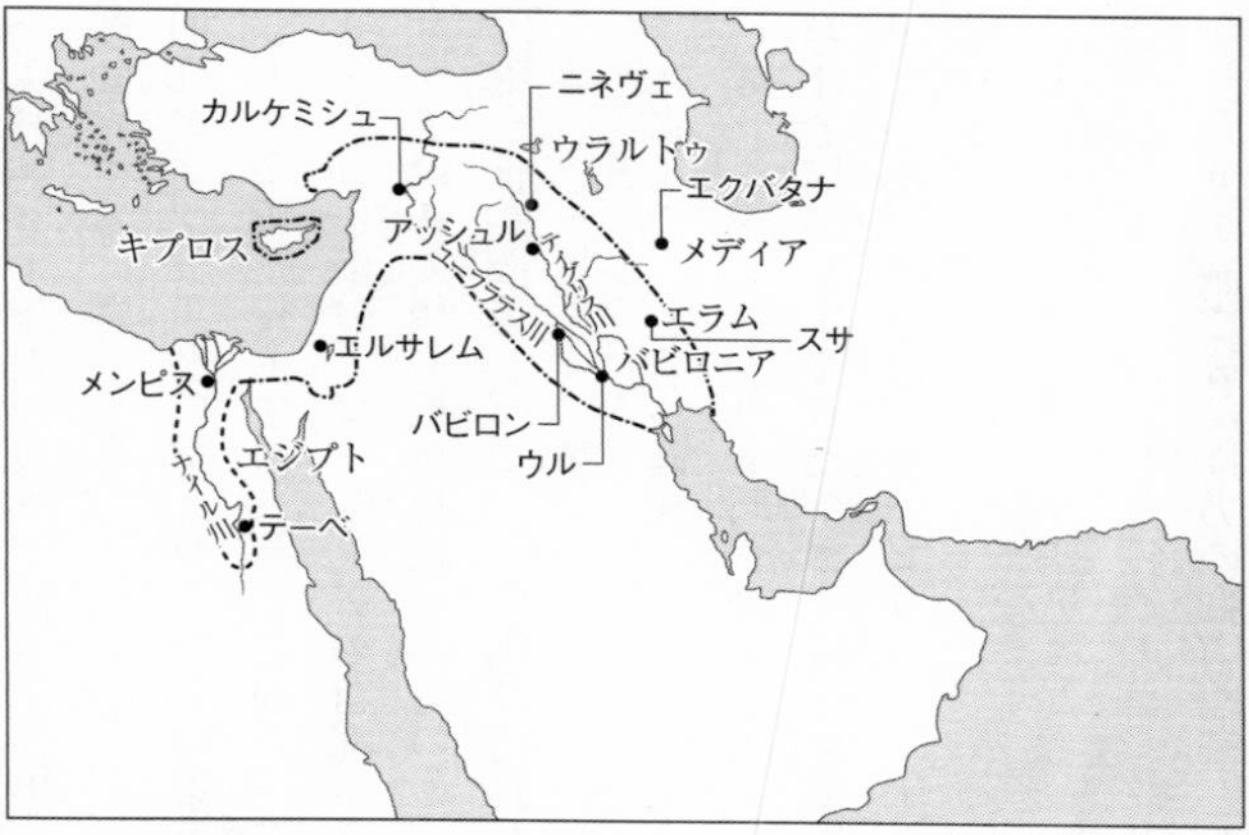

序－２　最盛期の新アッシリア帝国

回復させたアッシリアは、各地に遠征をくり返し、それまでの時代を大きく越える領土を獲得した（新アッシリア時代）。それゆえに、この時代のアッシリアをとくに区別して、新アッシリア「帝国」とも呼ぶ。帝国の最盛期はティグラト・ピレセル三世（在位前七四四～七二七年）からアッシュルバニパル（在位前六六八～六二七年頃）までの諸王が築き、南北メソポタミア（アッシリアとバビロニア）、イラン高原南西部（旧エラム領）、シリア・パレスチナ、キプロス島、そして短期間ではあるものの、エジプトをも支配した（序－２）。この時期のアッシリアが「史上初の世界帝国」とも呼ばれるのは、「はじめに」でも記したところである。

　しかしながらアッシュルバニパル以降、アッシリア帝国は急速に傾いていく。早くもアッシュルバニパル死去の翌年（前六二六年）には、メソポタミア南部がナボポラサルのもと、分離独立する（新バビロニア王国の誕生）。新バビロニア王国は前六一五年にアッシリア帝国の旧都アッシュルを攻撃、翌年からは東方のイラン系国家メディアもこの動きに同調し、アッシリア帝国に侵入する。そして前六一二年にはついに、新バビロニアとメディアの連合軍による包囲を受け、アッシリアの首都ニネヴェが陥落した。このとき生き残った一部のアッシリア人はその後も抵抗を続けるものの、前六〇九年に最後のアッシリア王アッシュル・ウバリト二世が敗退し、ここに帝国は終焉を迎えた。

ポスト・アッシリア時代

ポスト・アッシリア時代のオリエントでは、またもや複数の国家が覇権を争いながら、共存する構図が生まれた。まずは、すでに述べた、アッシリア帝国から分離独立した新バビロニア王国。そして、新バビロニア王国と連合してアッシリアを滅亡に追い込んだメディア王国もこれにふくまれる。

エジプトでは、アッシリアによる一時征服ののち、その置き土産となるサイス朝エジプト（第二六王朝）が成立した。このエジプト第二六王朝と新バビロニアは、両国の中間に位置し、アッシリア滅亡後に権力の真空地帯となったシリア・パレスチナを取り合った。最初にその支配に成功したのはエジプトだったが、この状況は長続きしなかった。前六〇五年、ユーフラテス川畔のカルケミシュでおこなわれた戦いにより、ネコ二世ひきいるエジプト軍が、ナボポラサルの息子にして王太子のネブカドネザル二世ひきいる新バビロニア軍に敗れ、これによってシリア・パレスチナの帰属は新バビロニア王国に決する。

アッシリアの支配がおよばなかったアナトリアでは、西方のサルディスに都するリュディア王国が栄えた。この王国の起源についてはヘロドトスの『歴史』に詳しいが、史実と伝説の要素が多分に混合しており、正確な復元が難しい。前七世紀前半には国際政治の舞台でもリュディアの存在が確認でき、リュディア王ギュゲス（在位前六八〇～六四五年頃）からアッシリア王アッシュルバニパルへの使者の派遣が、アッシリア側の史料にも記録されている。ギュゲスから数えて三代ののちのアリュアッテス（前六一〇～五六〇年）は領土の拡大に熱心な王で、西アナトリア沿岸のギリシア人諸都市をも征服し、さらにアリュアッテスの後継者クロイソスもこの政策をいっそう推し進めた。

以上のうち、アッシリアを上回る広大な領土の統治者となる国を予想せよと言われたならば、その本命は新バビロニア王国となろう。カルケミシュの戦い直後に亡くなった父の跡を継ぎ、王位に就いたネブカドネザル二世のもと、新バビロニア王国は広域支配に成功し、再整備された首都バビロンも繁栄を謳歌《おうか》した。しかし、下馬評というのは、往々にして外れるものである。ネブカドネザルの没後（前五六二年）、新バビロニア王国は王権の安定した承継に失敗する。反乱と簒奪《さんだつ》がくり返されたすえの前五五六年、王位はナボニドスのもとに落ち着いたが、彼はバビロニアの支配層から支持を得られず、王国は最盛期のネブカドネザル時代の勢いを失っていた。本命がもたついているところに前へ出たのは、おそらく誰しもが予想しなかった大穴であった。すなわち、アッシリア帝国の旧版図を受け継ぎ、それをさらに上回る領域支配に成功したのは、キュロス二世ひきいるアケメネス朝ペルシア帝国だった。

アケメネス朝ペルシア史研究の史料

ここでアケメネス朝ペルシア史研究の学問的な舞台裏を紹介したい。やや込み入った話になるので、まずは歴史の具体的な流れを押さえたい方は、第1章へ先回りしていただいても結構である。

歴史家が過去の出来事（歴史）を再現するさい、当時の人々が残した情報が必要不可欠となる。これらの情報は史料と呼ばれる（考古遺物など、文字によらない情報の場合は「資料」の字もあてられるが、文字で記された情報は一般的に「史料」と表記される）。アケメネス朝ペルシア帝国は、西はバルカン半島北部および北東アフリカから、東はインダス川流域までの広大な領域を統治した。そのため、史料の種類は必然的に多様となる。そこで以下では、アケメネス朝ペルシア史研究に用いられる主要な史料を概観したい。

まずは、ダレイオス一世以降の歴代ペルシア大王が直々に作成した碑文である。これらの碑文は帝国の都であったペルセポリスやスサを中心に残されており、古代ペルシア語のほかにエラム語とアッカド語の対訳をともなう、三言語併記を基本とした。これら王作成の碑文のうち、もっとも重要となるのは（詳しい考察は第3章にゆずるが）、ダレイオス一世が作成した「ベヒストゥーン碑文」である。しかし、王作成の碑文では、「ベヒストゥーン碑文」をのぞいて、個別具体的な出来事への言及はほとんどない。また、早くもクセルクセスの代には定型化と質・量の低下が見られ、そこではペルシア大王の理念がくり返し述べられていく。これらの碑文は残念ながら、いつどこで何が起きたのか、といった事件史の再構築にはあまり役立たないが、じつはこの理念が反復して言及されるという事実こそが、アケメネス朝ペルシア史の理解にはきわめて重要となってくる。

ペルシア語碑文の多くが残されたペルセポリスからは、碑文とは別に、王室経済の活動を記録した「城砦《じょうさい》文書」と「宝蔵文書」と呼ばれる粘土板文書群が出土している。前者は前五〇九年から前四九四年、後者は前四九二年から前四五八年、すなわちダレイオス一世からアルタクセルクセス一世治世初期までのものが残存している。その大半はエラム語で記されているが、一部にはアラム語の文書も出土している。近年は粘土板に刻まれた文言だけではなく、印章によって押捺《おうなつ》された図像にも注目がなされている（文字をともなわない、図像だけの粘土板もある）。これらすべての粘土板の整理が終わっているわけではないが、インターネット環境の整備にともない、シカゴ大学オリエント研究所によってオンライン公開が進められている。

メソポタミアでは、アケメネス朝ペルシアの支配下に入る以前より、粘土板による記録、保存の文化的伝統が強かった。そのなかには年代記や天文日誌のように公共的な内容のものもあるが、私企業のビジネスを記録した文書もふくまれる。前者は早くから公刊されてきたが、近年は私的な文書も、やはりオンラインでの公開が進められている（オランダのライデン大学によるプロジェクト）。記述言語は、古代メソポタミアで用いられていたセム系言語のアッカド語（アッシリア・バビロニア語）である。また、粘土板文書ではないが、キュロス自身がバビロニア征服について語る「キュロスの円筒形碑文」も、アッカド語史料である。

意外にも、アケメネス朝ペルシア帝国で行政言語としてもっとも広く通用したのは、アラム語である。前一〇〇〇年頃、アッシリアは西方からアラム人の流入を経験した。これが中アッシリア時代の停滞原因の一つにもなるのだが、新アッシリア（アッシリア帝国）時代には行政言語としてアラム語が採用され、帝国共通の書記言語となる。アッシリアから帝国統治の技法を取り入れたアケメネス朝ペルシアでも、引き続きアラム語が使用された。ただし、アラム語はパピルスや獣皮のような柔らかく朽ちやすい媒体に書かれることが多く、より硬く耐久性にすぐれた石や粘土板に使用される機会は相対的に少なかった。

ここで記した以外にもアケメネス朝ペルシア帝国の領土は広大だったために、史料の種類や使用言語はさらに膨れ上がる。たとえば、パレスチナに居住したユダヤ人がヘブライ語で記した旧約聖書も、アケメネス朝ペルシア史にとって重要な文献史料である。また、筆者の博士学位論文（およびそれをもとにした最初の単著）は、アケメネス朝ペルシア時代のアナトリアとキプロス島を論じたものだが、そこでは前記の言語以外に、リュディア語、リュキア語、カリア語といったローカルな言語や、キプロス音節文字という特殊なギリシア語で書かれた碑文も分析対象としている。むろん、文字で書かれたものだけが、アケメネス朝ペルシア史の史料ではない。各地の遺跡からもたらされる考古資料もまた、貴重なデータを提供する。ただし、考古資料は遺跡ごとに発掘状況が異なり、概観するのが難しいため、詳細には立ち入らない。

ここまでさまざまな史料について述べてきたが、アケメネス朝ペルシア帝国についてもっとも物語性豊かな歴史叙述を残したのは、帝国内外に生きた同時代のギリシア人たちであった。そこで、つぎに主要なギリシア語ペルシア史家を見ていきたい。

ハリカルナッソスのヘロドトス

まず最初に紹介すべきは、ヘロドトスである。彼は、前五世紀初め（一説によれば前四八四年）に、アナトリア半島南西部の港湾都市ハリカルナッソス、現在のトルコ共和国ボドルム市に生まれた。ハリカルナッソスはドーリス系のギリシア人が築いた都市で、早くから近隣の非ギリシア系の先住民カリア人と密接な関係にあった。ヘロドトス自身は「女神ヘラの贈物」を意味するギリシア語の名前だが、父親にリュクセス、近しい親族（叔父《おじ》、もしくは従兄弟《いとこ》）にパニュアッシスという、カリア系の名前を持つ人物がいたことから、彼の家族はカリア人の集団とかなり近しい交流があったと推測される。ハリカルナッソスからはこの時代のものと推定されるカリア語の碑文も出土しており、ギリシア語とカリア語のバイリンガルな世界が築かれていたことを窺《うかが》わせる。

しかも、ハリカルナッソスはこの地域のギリシア系都市のなかでも特異な歴史を歩んだ。通常、アナトリア半島のエーゲ海沿岸部に築かれたギリシア系植民都市では、いくつかの都市が都市間同盟を築き、共同で祭礼を執りおこなうなど、ある種の閉鎖的な文化圏が保たれていた。当初ハリカルナッソスも、同じドーリス系のギリシア植民都市と行動をともにしていたが、何らかの理由によって、この都市間同盟から追放されたらしい。以降、ハリカルナッソスはドーリス系植民都市のみならず、北部のイオニア系の都市とも交流を持つようになり、いつしか公文書たる碑文はギリシア語のイオニア方言で刻まれるようになっていた。

このように、ヘロドトスが生まれた当時のハリカルナッソスはドーリス方言とイオニア方言という二つのギリシア語と、さらにはカリア語が用いられ、しかも前六世紀なかば以降はペルシア帝国の統治下に置かれるという、重層的かつ複合的な文化的背景を負っていた。しかし、ヘロドトスは一生を、このハリカルナッソスだけで完結させたわけではない。

史料によればヘロドトスの家系はエリート層に属し、ハリカルナッソスで政変が起きたさいには、それが災いして一時期故国を追われ、アナトリア対岸のイオニア系島嶼《とうしょ》都市サモスに亡命した。しかしヘロドトスはこの滞在を奇貨とし、そこでサモス島の歴史や文化のみならず、イオニア方言までをも修得した。先にも述べたように、彼の出身地であるハリカルナッソスは北部のイオニア系都市の影響を受け、イオニア方言が流入していた。しかし、それが庶民の日常会話の言葉としてどれほど浸透していたかは疑わしい。当時イオニア方言は、科学的な学術言語だと見なされており、ヘロドトスはサモス滞在中にこれをみっちりと学びなおしたようである。このときの修練のたまもので、後世には彼の文章は「イオニア方言の模範」とまで評価されるようになった。

ハリカルナッソスで吹き荒れた政変が落ち着きを取り戻したのちも、けっきょくヘロドトスが故郷に安住することはなかった。その後、彼はアジア、アフリカ、ヨーロッパの各地を漫遊し、最後は当時絶頂のさなかにあったアテナイの企画した植民都市の建設計画に参加した。こうしてイタリア半島の土ふまずに位置するトゥリオイへと移住し、当地で生涯を閉じた。

ヘロドトスの主著は全九巻からなる『歴史』である。『歴史』は脱線が多く、読み手はしばしば時間軸のなかで迷子になってしまうが、全体の流れとしてはアケメネス朝ペルシア史の前史となるリュディア、アッシリア、メディアの歴史から始まり、キュロス、カンビュセス、ダレイオスの治世を経て、クセルクセスによる対ギリシア遠征の終わりまでを扱う構成になっている。

クニドスのクテシアス

歴史家クテシアスの出身地クニドス（現トルコ共和国ダッチャ市）は、ヘロドトスの故郷ハリカルナッソスと同様、アナトリア南西のドーリス系ギリシア植民都市である。クニドスとハリカルナッソスは、ケラメイコス湾――現在のコス湾（ギリシア語表記）もしくはギョコワ湾（トルコ語表記）――をはさんで向かい合っており、陸路ではかなりの遠回りを要するが、海路では指呼《しこ》の間《かん》である。ハリカルナッソスと同様、前六世紀なかば以降はペルシア帝国の領土となった。

クテシアスの生まれは前四四〇年頃と推定される。経歴は、本人の語るところによれば、以下のとおりである。故郷のクニドスは当時、ギリシア医学の中心地であり、クテシアスの家系も本人をふくめ、医者だった。しかし、クテシアスは前五世紀の後半にペルシア人らによる何らかの戦争に巻き込まれ、捕虜としてペルシア宮廷に連行される。当地で医者としての腕前を買われた彼は、ペルシア王アルタクセルクセス二世および王母パリュサティスの侍医として寵愛《ちょうあい》を受け、一七年もの歳月をペルシア宮廷で過ごした。前三九八年にペルシア宮廷からの脱出に成功すると、故郷に戻ったのち、二三巻にもおよぶ大作『ペルシア史』と一巻からなる『インド誌』を書き上げた。

『ペルシア史』には、史家のペルシア宮廷での実地体験が反映されている可能性がある。わざわざ「可能性」と断ったのは、じつはクテシアスのペルシア宮廷滞在を疑う研究者がいるためである。というのも、彼には自身の叙述を誇張する悪い癖があり、したがって前記の経歴はすべてクテシアスによる創作（妄想）ではないかという、ラディカルな説すら唱えられている。しかし、『ペルシア史』に付属する『インド誌』では、ときとしてはっとさせられるようなリアルな記述に出会うため、経緯《くみ》や期間はともかく、筆者はやはりクテシアスはペルシア宮廷に滞在したのだろうとの意見に与している。

ヘロドトスの『歴史』と異なり、クテシアスの『ペルシア史』は、作品自体が現存していない。ギリシア・ラテンの古典作品は、まずはパピルスというカヤツリグサ科の植物の茎を薄く剝《は》いで重ね、乾燥加工したシート上に書き記された。これらの作品は、パピルスの耐用年数を越える前に新たなパピルス・シート、もしくはより耐久性にすぐれ、はるかに高価な獣皮に手作業で書き写されなければ、この世から滅失してしまう。ヘロドトスの『歴史』はこの試練を乗り越え、クテシアスの『ペルシア史』は越えられなかったのである。

しかし、『ペルシア史』は古代ではよく読まれたようで、まだ作品が現存するうちに、多くの歴史家たちがそれを参照し、また引用した。たとえ作品自体が現在までに残っておらずとも、こうした引用箇所を拾い集めていくと、クテシアス作品の全体像が復元できる（このような史料を西洋古典学の専門用語で、「断片史料」と呼ぶ）。

ヘロドトスの『歴史』にくらべると、クテシアスの史書の構成はかなり素直であった。まずは、アッシリア帝国の伝説上の創建者であるニノス王と女王セミラミスの治世に始まり、アッシリア最後の王サルダナパロス（音の類似よりアッシュルバニパルを指すと推測されるが、既述のとおり、アッシュルバニパルはアッシリア最後の王ではない）に至るアッシリア史が語られる。ついで、武将（のちに初代メディア王）アルバケスによるアッシリア打倒に始まるメディア史がこれを継ぐ。史実としては、アッシリアの旧版図の大半を引き継いだのは新バビロニア王国だが、ヘロドトスやクテシアスなどのギリシア語史家はいずれも、アッシリアの後継国家はメディア王国と見なしていたのである。クテシアス『ペルシア史』の六巻まではアケメネス朝ペルシアの前史にあてられており、いよいよ第七巻からが正真のペルシア史となる。そこでは初代のキュロスに始まり、史家自身が仕えたアルタクセルクセス二世までの出来事が、歴代の王の治世にそって語られていく。

アテナイのクセノポン

アテナイ出身のクセノポンは、前五世紀末から前四世紀前半にかけて活躍した人物である。プラトンと同じくソクラテスの弟子だったが、むろんプラトンほどの哲学の才能は持ち合わせていなかった。クセノポンの見る目は、むしろ現世的だった。若い頃はソクラテスに師事したが、ペルシア帝国で二人の王子（兄アルタクセルクセス二世と弟の小キュロス）による王位継承戦争が勃発《ぼっぱつ》する直前、彼は小キュロス軍の募兵におうじてアナトリアへ渡る。第6章で詳述するように、この戦争でキュロス軍が敗れると、命からがら敵地から生還したクセノポンは、当時の体験を発表する。『アナバシス』と呼ばれるこの作品は、従軍時の見聞が平明な文章でつづられており、戦場ルポルタージュの古典的名著として評価が高い。

クセノポンは多作家であり、『アナバシス』以外にも多くの作品を残している。以下では本書の内容ととくにかかわる二作品だけを紹介しよう。『ギリシア史』は、トゥキュディデスの『歴史』を継ぎ、ペロポネソス戦争末期以降のギリシアの同時代史を描く。しかし、そこにはギリシア諸都市間の覇権争いに介入するペルシア帝国の姿が写りこんでいる。また、『キュロスの教育』という一風変わった題名の長編は、とらえがたい作品である。同書でクセノポンは、初代ペルシア王のキュロス二世（大王）を主人公に、彼の出生から死までを語る。歴史上の人物を取り上げているという点では歴史書（伝記作品）であり、キュロスをつうじて理想の君主像を説いているという意味では哲学書でもある。作中には美しき夫婦愛も描かれるため、小説作品としての分析を試みる研究者すらいる。また、そのなかに描かれているペルシアは、キュロス大王時代（前六世紀なかば）のそれなのか、あるいはみずからの体験した時代（前四世紀初頭）の投影なのかも慎重に見きわめねばならず、一癖も二癖もある作品となっている。

その他のギリシア語史家たち

前四世紀初頭（アルタクセルクセス二世治世の前半）以降のペルシア史については、同時代のギリシア人たちが書き残した歴史書は現存していない。代わりにそれらを情報源として用いた、ローマ時代のギリシア人らの歴史書が残る。

ローマ帝国領のシチリア島で生まれた歴史家ディオドロスは、先行するさまざまな歴史書を種本に、『歴史叢書《そうしょ》』と題された世界史をギリシア語で著した。現在は三分の二が散逸しているが、オリジナルは全四〇巻もの大作だった。キュロスの時代からクセルクセスの対ギリシア遠征が始まる直前までを扱った部分は、後世の要約のかたちでしか残っていないが、前四世紀のペルシア史については、同時代の歴史家エポロスの記述によりながら（エポロスのオリジナル作品は現在散逸）、かなり詳しく記述されている。

アレクサンドロスによる対ペルシア遠征については、アリアノス著『アレクサンドロス大王東征記（アナバシス）』が残る。作者は紀元後二世紀の人で、ギリシア人ながら、ローマで元老院議員まで務めた政治家である。遠征に従軍したプトレマイオスとアリストブロスの著作を参照した、アレクサンドロス研究にとって信頼性の高い作品であると同時に、最末期のペルシア帝国史の史料としても用いることができる。アリアノスから約半世紀前の人となるプルタルコスも、アレクサンドロスを主人公にした伝記作品を書いたが、彼はまたアルタクセルクセス二世というマイナーなペルシア王の伝記も残している。そのほかにも、ギリシア語のみならず、ラテン語によっても書かれた、ペルシア史の文献史料は数多い。

ポストコロニアリズムとアケメネス朝史研究

以上であげたギリシア語ペルシア史家のうち、ペルシア帝国の建国から滅亡までを描ききった者はいない（実際にはいたかもしれないが、残念ながら現存していない）。しかし、うまい具合に相互の補完が成り立っている。そこで、かつてはつぎのような楽観論もあった。

まずは、キュロスによる建国からクセルクセスによる対ギリシア遠征まではヘロドトスを、そしてアルタクセルクセス二世の治世初期まではクテシアスを、それ以降から滅亡まではディオドロスの史書をつなげる。それで足りないところは、クセノポンやアリアノス、プルタルコスの記述から補ってやる。すると、アケメネス朝ペルシアの通史が「曲がりなり」にも、描けてしまう。あとは、この「曲がった」ところを、これまでに紹介してきたような非ギリシア語史料で矯正すれば、史実とはいかないまでも、可能なかぎりの近似形が得られるだろう、と。

しかしこのような考えは、一九七〇年代後半から八〇年代にかけて、猛烈な批判にあう。それではいったい、この時期に何が起こったのだろうか。

批判の正体は、ポストコロニアリズムであった。ポストコロニアリズムとは、第二次世界大戦以降から一九六〇、七〇年代にかけて多くの植民地が独立して以降も、旧植民地と旧宗主国とのあいだに政治、経済、文化的な非対称関係が継続していることを問題とする思想である。ポストコロニアリズムの旗手は、パレスチナ生まれでアメリカ合衆国コロンビア大学の教授であったサイードという人物だった。サイードは一九七八年の著書『オリエンタリズム』で、歴史をとおして西洋は東洋を一方的に語ってきており、しかもそれは東洋を語っているようでありながら、東洋自体ではなく、西洋の反転した姿を東洋に映しているにすぎないのだ（東洋はヨーロッパの「もの言わぬ他者」である）と喝破《かっぱ》した。その後「オリエンタリズム」は、サイードの主著のタイトルと同時に、そこで彼が指摘した、西洋／東洋間の知の非対称性をも指す学術用語として使われるようになっていく。

『オリエンタリズム』の発表とあい前後して、アケメネス朝ペルシア史の研究分野でも、ギリシア語文献史料にたいする根本的な懐疑の念が抱かれていく。すなわち、ギリシア人が語っているのはペルシア帝国そのものではなく、彼らはそこにみずからの反転した姿を見ているにすぎないのではないか、という疑念である。この時期に結成されたアケメネス朝ペルシア史の学際的・国際的研究集会の発起人であるサンシシ＝ヴェールデンブルフの文章には、『オリエンタリズム』からの影響が色濃く出ている。彼女によれば、従来のアケメネス朝ペルシア史は、ギリシア語文献史料に頼るあまりに「ギリシア中心に支配された歴史観（the dominant hellenocentric view）」となっており、いまこそ「ヨーロッパ中心的な認識（Europe-centered perception）」であるペルシア帝国史像を「脱ギリシア化し、脱植民地化（to dehellenise and to decolonise）」しなければならないのだという。なお、ここでわざわざ英語の原文を引いたのは、サンシシ＝ヴェールデンブルフがいかに特殊な単語（hellenocentric や

dehellenise）を駆使しながら、先行研究批判をおこなったかを知っていただきたかったからである。

いま、ギリシア語文献史料とどうむき合うか

それでは一九七〇年から八〇年代に、にわかに悪者扱いされてしまったギリシア語文献史料と、われわれはいま、どのようにむき合えばよいのだろうか。

じつは、ポストコロニアリズムの影響を受けた前記の研究者の批判には、その鋭さとともに、ある理論的な限界がある。ヘロドトスやクテシアスはたしかにギリシア語で作品を残したが、彼らは同時にペルシア帝国領だった地域の出身でもある。クセノポンの生まれはアテナイだったが、彼もペルシアの王子である小キュロスに味方し、ペルシア帝国を実体験している。サンシシ＝ヴェールデンブルフは、「ギリシア化」と「植民地化」を同義として用いているようだが、ギリシアは政治的に支配（植民地化）した側ではなく、ペルシア帝国に統治された側だった。ヘロドトスやクテシアスらの書いたものがたとえ史実を忠実に反映していなかったとしても（もとより史実を完璧に反映した歴史叙述など存在しえない）、帝国に生きた彼らの声は、それもまたペルシア帝国の現実の一部となる。広大な「世界帝国」であったペルシア帝国には、西洋（ギリシア）／東洋（ペルシア）の単純な二元論がそのまま合致しな

いのである。

そもそもギリシア語文献史料を排除する以前に、はたしてわれわれはその豊かな鉱脈を掘りつくしたのであろうか。いまこそ、ギリシア語文献史料を新たな視角から読みなおすべきではなかろうか。ここで、ギリシア語文献史料と非ギリシア語史料の関係について近年の傾向を大まかに述べておくと、つぎのような変化が見られる。すなわち、かつては非ギリシア語史料の解釈に、ギリシア語文献史料から得られた理解が応用されてきた。それが近年では逆転しつつあり、非ギリシア語史料から得られた理解をもとに、ギリシア語文献史料がいま一度読みなおされているのである。

ハカーマニシュ朝の王ダーラヤワウ？

「アケメネス朝ペルシア帝国」という表記は、この帝国の支配者だった王家の名に由来する。なかば伝説的でもある王家の始祖は、ギリシア語でアカイメネスといった。アケメネス朝というのは、このアカイメネスを英語風に改変したものである。ただし、あくまで英語風であって、英語ではAchaemenesとつづり「エキーメニース」と、またアケメネス朝(Achaemenid)は「エキーミニッド」と発音する（むろんカタカナ英語ではなく、これをかなり英語っぽく発音しないと通じない）。筆者は、専門性の高い論文では「アカイメネス朝」と表記するが、一般向けの書物では「アケメネス朝」との表記も採用している。

さて、日本のペルシア史研究者のなかには、「アカイメネス／アケメネス」がギリシア語に由来する表記であるため、これを避ける学者もいる。この場合、よりペルシア語本来の発音に近い、「ハカーマニシュ朝」という表記が用いられる。このような表記に慣れている方には、かえって混乱を生じさせるかもしれないので、以下に主要な固有名詞の対応表を掲載する。

ギリシア語風表記	ペルシア語風表記
アカイメネス／アケメネス	ハカーマニシュ
キュロス	クル
カンビュセス	カンブジヤ
ダレイオス	ダーラヤワウ
クセルクセス	クシャヤールシャン
アルタクセルクセス	アルタクシャサ

筆者自身はギリシア語文献史料を主として論じてきたこともあり、ギリシア語表記を採用

しているが、その一方で表記法にはあまりこだわりを持たないようにも努めている（こだわり始めるとややこしくなりすぎて、何も書けなくなってしまう恐れがあるからだ）。ところで、歴代のペルシア大王は、被支配地域の文脈におうじて、自己の呼び名や見せ方を変えていた。したがって、現代の日本でキュロスやダレイオスといった、本来の発音から外れた表記がまかり通っていたとしても、そのことに怒りを抱きはしなかろうと想像したい。むしろ、それによって彼らの地上世界における統治の一端が、この極東の地に伝わるとするならば、おそらくはきっと、満足してくれるのではなかろうか。なお、以下の引用文中では、表記の統一のため、ペルシア語風表記をギリシア語風表記にあらためた箇所があることを、あらかじめお断りしておく。

それでは、前置きはここまでにして、二五〇〇年前の古代オリエントの世界へ戻るとしよう。

第1章　帝国の創設者
――キュロス二世

キュロスの出自をめぐる伝承

アケメネス朝ペルシア帝国の領土的な基盤は、大部分が初代の王となるキュロス二世（キュロス大王）一代の手によって築かれた。しかし、このキュロスなる人物がいかなる出自で、帝国を創建する以前にどのような経歴を歩んできたのかは、じつはよくわかっていない。キュロスは、なした業績にくらべて同時代史料に乏しく、前半生にかんする情報の多くを後世のギリシア人史家の叙述に頼らなければならない。さらに事態を複雑にしているのは、これらギリシア人史家のあいだでも、意見の一致が見られないことである。とはいえ、ここではまず、彼らの書き残した三つのキュロス伝を紹介しよう。

ヘロドトスの語るキュロス伝

ヘロドトスは著書『歴史』の第一巻で、キュロスの生い立ちをふくむアケメネス朝ペルシア帝国前史から、彼が帝国を築いたのち死去するまでの歴史を詳細に語っている。ヘロドトスの記述に従いながらキュロス伝を復元すると、つぎのようになる。

前七世紀初頭から六世紀なかばにかけて、イラン高原をメディアと呼ばれる王国が支配した。『歴史』では、この国家の成立がつぎのように解説される。

アッシリアは五二〇年にわたって上〔東方――筆者注〕アジアを支配したが、アッシリアから離反の口火を切ったのはメディア人であった。ともかくメディア人は自由のためにアッシリア人と勇敢に戦い、遂にアッシリアの桎梏《しっこく》をはねのけて、自由を獲得したのであった。そして他の民族もメディア人の範にならったのである。

（ヘロドトス『歴史』一・九五）

独立当初のメディアは王が不在であったため無法地帯となっていたが、デイオケスなる人物が王として立ったことにより、秩序を取り戻す。二代目の王プラオルテスの時代には、ペルシアを属国として併合し、またかつての宗主国アッシリアとの戦争も継続する（アッシリアは、三代目の王キュアクサレスによる攻撃で滅亡する）。そして、四代目にしてメディア王国最後の王となるアステュアゲスの治世を迎える。

このように、ヘロドトスによれば、メディア王国はアッシリアのくびきから分離独立して誕生したとされる。しかし史実としては、この過程はメディア王国よりもむしろ、新バビロニア王国の建国を想起させる。後述するように、メディアはアッシリア帝国の内部ではなく、帝国の外縁から興った国家だった。不思議にもギリシア語ペルシア史家たちは、アッシリアの覇権を直接継承したのは新バビロニアではなく、メディアだと考えていたのである。

さて、メディア王アステュアゲス（ヘロドトスの計算によれば、在位前五八五～五五〇年）は、あるとき難解な夢を見た。娘のマンダネが放尿して、その尿がアジア全土にあふれるという夢であった。これを不吉に感じたアステュアゲスは、マンダネを同朋《どうほう》のメディア人ではなく、被支配民であるペルシア人貴族のカンビュセスに降嫁させた。しかし、その後アステュアゲスはマンダネについて、ふたたび不思議な夢を見る。今度はマンダネの陰部から一本の葡萄《ぶどう》の樹が生え、その樹がアジア全土を覆ったという。これを占い師に判断させたところ、この夢はマンダネから生まれた子が、いずれアステュアゲスに代わって王となることを予示していると知る。恐れをなしたアステュアゲスは、近臣のハルパゴスに、当時妊娠中の娘マンダネから生まれてきた子を殺すように命じた。

しかしハルパゴスはこの命令をみずからの手で実行することをためらい、牛飼いのミトラダテスという人物に赤子を預け、野山に捨ててくるよう指示した。ところが、ちょうどミトラダテスの妻が死産したおりで、牛飼いの夫婦はハルパゴスから預かった赤子を殺さず、自分たちの子として、ひそかに育てることに決めた。からくも命拾いした赤子はやがて成長し、一〇歳になったある日、子どもたちどうしで王様ごっこをする。その最中に、とても庶民の子とは思えぬ大胆な行動を見せたため、牛飼いの子はアステュアゲス王のもとへと連れて行かれた。ここでの尋問により、アステュアゲスは目の前にいる牛飼いの子が、じつは死んだはずの自分の孫だと確信し、ふたたび実の両親（カンビュセスとマンダネ）のもとへと返したのである。この子こそがキュロスであった。

アステュアゲスは、キュロスが子どもたちのごっこ遊びで王の役を与えられたことで、先の予知夢はすでに成就したと見なし、それ以後彼の命をねらわなかった。しかし、腹心の部下ハルパゴスについては、王の命令を実行しなかったということで非道な仕打ちを与える。ハルパゴスの息子を惨殺したうえ調理し、その肉をそれとは知らない父ハルパゴスに食わせたのである。この恨みを忘れなかったハルパゴスは、やがて成人したキュロスに手紙を送り、ペルシア人を結集してアステュアゲスを打倒すべきだとけしかけた。これを受け、キュロスはペルシア軍をひきいてメディア軍を倒し、王であり自身の祖父でもあるアステュアゲスを捕らえた。以降、メディア人とペルシア人の支配・被支配関係は逆転し、ペルシア人がイラン高原の覇権を握ったのだという。

クセノポンの語るキュロス伝

アテナイ出身のクセノポンが書いた『キュロスの教育』は、幾通りもの読み方ができる作品で、キュロス大王の伝記作品として読み解くことも不可能ではない。ヘロドトスの『歴史』と同様に『キュロスの教育』でも、キュロスの父はペルシア人カンビュセスで、母はメディア王アステュアゲスの娘マンダネとなっている。ただし、ヘロドトスの『歴史』ではペルシア人「貴族」となっていたカンビュセスであるが、『キュロスの教育』ではペルシア人の「王」へと格上げされている。

『歴史』でのマンダネは、メディア王アステュアゲスの見た不吉な夢によって、被支配民であるペルシア人のもとへ、なかば追放されるように嫁いだ。しかし『キュロスの教育』では、メディア人とペルシア人のあいだにこのような露骨な支配・被支配の関係は見受けられない。むしろメディア人とペルシア人は対等な関係（といっても、メディアのほうが大国である）にあり、マンダネがペルシアに嫁ぐと、両国の関係はより密になった。そのためヘロドトス『歴史』に見るような、一〇歳になるまで実の祖父を知らず、またそれ以降もけっして親しかったとはいえない祖父（アステュアゲス）と孫（キュロス）という関係は見られず、『キュロスの教育』ではキュロスは少年期の数年を祖父の宮廷で過ごし、そこでメディア流の帝王学も吸収した。

もう一つ、『歴史』と『キュロスの教育』の決定的な差異は、メディアからペルシアへの覇権の移行にある。先に述べたように、『歴史』では祖父と孫が直接武力をもって衝突し、戦争の結果、ペルシアが覇権を奪い取る。『キュロスの教育』では、この覇権移行がきわめて平和なかたちでおこなわれるのである。アステュアゲスの子どもには、キュロスの母マンダネのほかに、キュアクサレスという名の息子がいた（この人物は他史料に言及がなく、クセノポンの創作と考えられる）。キュアクサレスは甥《おい》のキュロスにたいし屈折した感情を抱いていたが、最終的には自身の娘をキュロスに嫁がせ、それと同時にメディアの統治権もゆずる。これによってメディアとペルシアの二か国は融和的に統合されるのだった。

クテシアスの語るキュロス伝

クテシアス『ペルシア史』におけるキュロス伝は、メディア王アステュアゲスとキュロスのあいだに直接の血縁関係が設定されていない点を最大の特徴とする。クテシアスによれば、キュロスの父は名をアトラダテスといい、母はアルゴステだった。ヘロドトス『歴史』やクセノポン『キュロスの教育』とはまったく別の人物たちである。さらに、キュロスの両親は王族でも貴族でもない。父アトラダテスの生業は盗賊であり、母アルゴステは山羊飼いだったという。一方で、メディア人とペルシア人は支配・被支配の関係で、ヘロドトス『歴史』のそれと近い。

キュロス自身も当初は、アステュアゲスとまったく接点を持たなかった。彼は貧しさから、アステュアゲスの宮廷に住み込みで働くようになると、持ち前の才覚を発揮し、またたく間に出世していった。つぎつぎに仕える相手を変えながら、やがて最後の上司となる宦官《かんがん》アルテンバレスの養子に迎えられ、彼の死去とともに多くの遺産を相続する。これを機に、故郷の父母を金銭的に援助できるようになったキュロスは、母アルゴステから彼女が若い頃に見た不思議な夢の話を打ち明けられる。母はその夢の内容をつぎのように語る。

「キュロスよ。そのとき胎《はら》のなかにあなたを宿していた私は、放尿した夢を見ました。あふれ出した尿は、大河のようになって流れだし、やがてアジア全土を水に浸して、海へと流れ出たのです」
（クテシアス『ペルシア史』断片八ｄ九）

尿がアジア全土にあふれるという主題はヘロドトスの伝える夢と酷似しているが、ヘロドトスの場合は祖父のアステュアゲスが見ているのにたいし、クテシアスの場合は、母本人が見たという違いがある。父のアトラダテスがこれをバビロニア人の占い師に相談したところ、やがてキュロスがアジアの覇者となることを予言していると告げられた（夢占いの診断も、ヘロドトスの伝える物語と類似している）。これをきっかけにキュロスはアステュアゲスにたいし反乱することを思いつき、やがてペルシアとメディア両軍のあいだで独立をめぐる激しい戦闘が起こった。結果、キュロスひきいるペルシア軍がアステュアゲス指揮下のメディア軍を破り、ここにペルシアとメディアの支配・被支配関係が逆転したのだという。

三つのキュロス伝の比較

以上がヘロドトス、クセノポン、クテシアスという三人のギリシア語作家が語る、ペルシア帝国誕生の経緯である。ヘロドトスとクセノポンのあいだには、武力によるか平和な移行かという違いはあるものの、キュロスとアステュアゲスとの血縁関係、とりわけマンダネを経由してメディアからペルシアへの連続性が認められるという共通点がある。クセノポンがヘロドトスよりも半世紀ほど後代の人物であった点を考慮すれば、そこにヘロドトスからクセノポンへの直接的な影響を認められよう。しかしながら、後述するように、同時代のアッカド語史料ではペルシアとメディアのあいだの武力衝突が証言されることから、クセノポンの記述は史実としてそのまま受け入れられない。『キュロスの教育』が理想の君主像を説く哲学書としての性格も持ち合わせていたことを考慮すると、クセノポンはヘロドトスの記述をベースとして、自著の目的にそうように設定を変更していったと理解すべきであろう。

それとは対照的に、ヘロドトスとクテシアスのあいだの断絶は大きい。たしかに彼らの記述には、母の放尿する夢など、細部での類似が認められる。この共通項について、ヘロドトスからクテシアスへの直接的な影響と見なすのか、あるいは何らかの共通する説話からそれぞれが影響を受けたのかは、かなり活発に議論されており、にわかには判断できない（ヘロドトス、クテシアスの伝えるキュロス出生譚は、オリエントの文学的伝統からの影響、とりわけアッカド王サルゴンの出生譚との類似も指摘されている）。しかし、ストーリー全体を眺めれば、ヘロドトスのキュロス伝とクテシアスのそれとは、明らかにまったくの別物と判断される（1-1）。

このように複数のキュロス伝が存在することは、じつはヘロドトス自身が認めているところである。ヘロドトスはキュロスの出生譚を語り出す前に、「ここでは若干のペルシア人――それもキュロスの事蹟《じせき》を誇大に美化しようとはせず、ありのままの真実を伝えようとするものの説に従って、記述してゆくつもりである」との断りを入れている。それとともに、「さて私の叙述はこれからは、クロイソスの支配を覆したキュロスは、どのような人物であ

	ヘロドトス『歴史』	クセノポン『キュロスの教育』	クテシアス『ペルシア史』
キュロスとアステュアゲスの血縁関係	＋	＋	－
ペルシアとメディア間の戦争	＋	－	＋

1－1　ヘロドトス、クセノポン、クテシアスのキュロス伝の相違

ったか、またペルシアはどのようにしてアジアの指導権を握ったかを語らねばならない。キュロスについては、ほかに三通りもの伝承があり、私はそれを述べることもできる」と、すでに異伝が流布していたことも証言している。王朝の始祖がなかば伝説上の人物のような扱いを受けるのは、どの王朝でも同じかもしれないが、キュロスの場合も早くに史実から離れて、さまざまに語られていたのである。

ヘロドトスは複数あるキュロス伝からもっとも信頼に足るものを採録したとの自信をのぞかせるが、彼の語るキュロス伝は物語内部での破綻を見せる。メディア王アステュアゲスが夢を見、マンダネが妊娠した時点では、アステュアゲスには息子も男孫もおらず、正統後継者の誕生が熱望されていたはずである。実際ヘロドトスの物語中でも、新生児の遺棄を命じられたメディア王国の重臣ハルパゴスは、この赤子がやがては王位継承者に成長するのではないかと危惧《きぐ》し、子捨てをためらっている。したがって、本来なら

ばアステュアゲスの夢はこの上ない吉祥——アステュアゲスに待望の直系男子が誕生し、しかもその子が将来自分の王国を継いだのち、それをアジア全土にまたがる大帝国へと発展させるであろう——として解釈されるべき性格のものである。

それにもかかわらず、アステュアゲスは不可解な不安に苛《さいな》まれ、孫の抹殺を決意している。アステュアゲスが不安に陥るためには、彼の王権失墜を象徴する何らかのモチーフ、たとえば、若い大木の成長により老木が枯死するなどのエピソードが挿入されなければ、話として成立しないだろう。ヘロドトスの伝承はひねりすぎており、史実として選ぶならば、クテシアスが伝えるプロット——被支配民族による支配民族にたいする反乱——のほうが、単純明快なだけによっぽど真実味がある。

その一方で、ギリシア語ペルシア史家が語るキュロス伝には、明確な共通性も指摘できる。三者ともが、ペルシア帝国はメディア王国にとって代わったと主張するのである。それならば、この点のみは史実と見なしてもよいのだろうか。

幻の王国？　メディア

ペルシア帝国の先駆けとなるメディア王国とは、どのような国家なのだろうか。メディア人はアッシリア帝国の東の外縁に居住した集団であり、前九世紀後半から史料上に存在が確

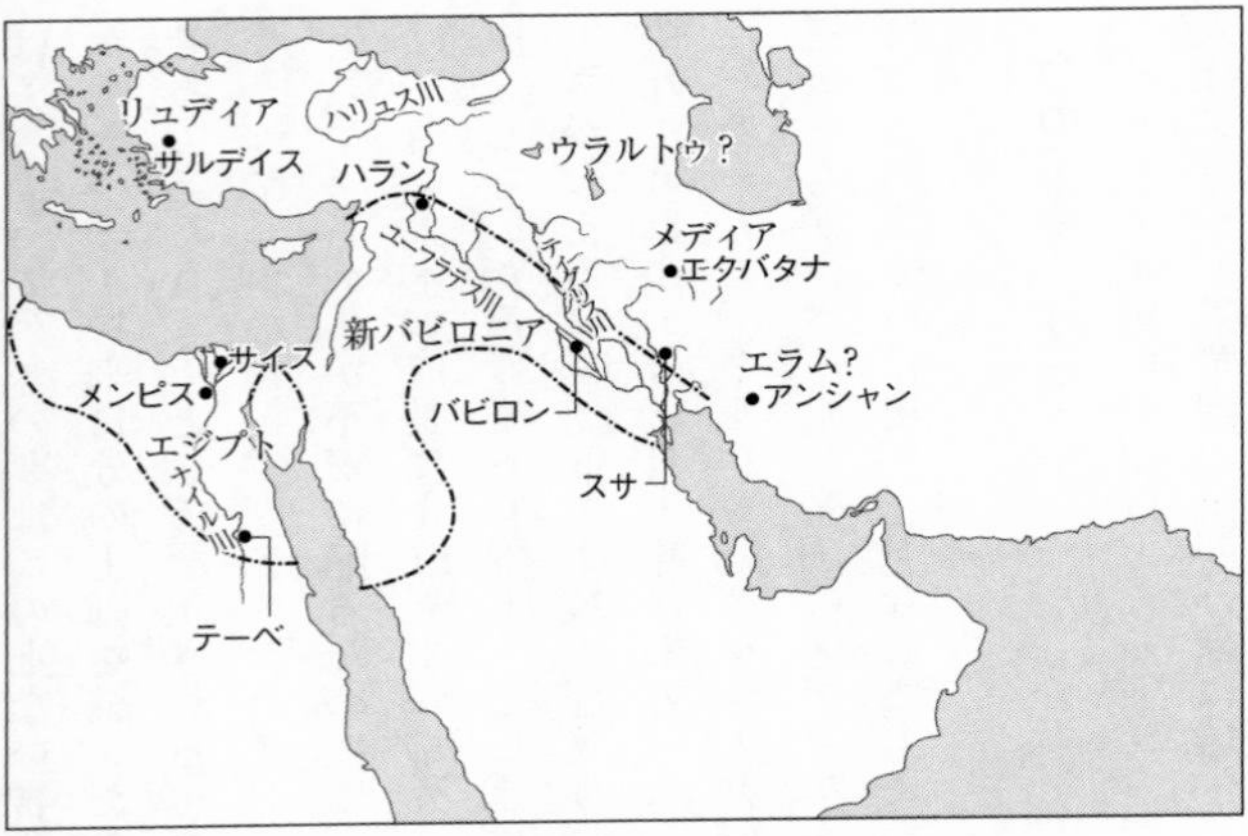

1－2　ポスト・アッシリア時代のオリエント

認される。前七世紀末には新バビロニア王国とともにアッシリアを崩壊へと追い込み、ポスト・アッシリア時代には新バビロニア、リュディア王国、サイス朝エジプトなどとともに多極化した世界情勢の一角を担った（1－2）。詳細なキュロス伝を残したヘロドトス、クセノポン、クテシアスら三人の歴史家は、メディアをペルシア帝国の直接的な先駆者と見なし、したがってその歴史についても詳細に記している。まずは、彼らの叙述史料から読み取れるメディアのイメージについて、整理しておこう。

ヘロドトスによれば、メディアは長らくアッシリア帝国の支配下に置かれていたが、前七〇〇年にアッシリアから分離独立したのち、デイオケスという人物が初代のメディア王として立った。デイオケスは民の推薦を受け、王位に就いて以降、メディアの国制をさまざまに整えていく。すなわち、王の身辺警護のための親衛隊を創設し、王との直接面会や御前での不敬行為を禁止し、文書による訴訟制度を確立した。彼の業績の最たるものが、王都エクバタナの建設である。その様子を、ヘロドトスはつぎのように伝える。

デイオケスは壮大強固な城廓《じょうかく》を築いたが、これが今日アグバタナ（エクバタナ）の名で呼ばれる城で、同心円を描いて城壁が幾重にも重なり合っている。この城廓は、ひとつひとつの壁の輪が、胸壁の高さだけ高くなってゆくように設計されている。城がこのような形状を呈しているのには、地形が丘陵を成していることも、いくらか手伝ってはいようが、むしろそのように設計されたのである。環状の城壁は全部で七重になっており、一番奥の城壁の中に、王宮と宝蔵がある。城壁の内最大のものは、アテナイの町の円周とほぼ同じ長さである。……このようにデイオケスは、身の安全のため自分の宮殿のまわりに城壁をめぐらしたのであったが、人民たちは城壁の外廻《そとまわ》りに住むように命じた。

（ヘロドトス『歴史』一・九八〜九九）

クセノポンやクテシアスの記述から得られるメディアのイメージも大体これと同じで、メディアは「王国」と呼ばれるにふさわしい、高度な宮廷文化――華美に発達した衣装や化粧、役割の複雑化した廷吏たち――の華開いた国家だったと想像される。

しかしながら、近年はこのような制度的な王国としてのメディアの存在が疑問視されている。最大の理由は、ギリシア語作家たちが語るような国家像を保証する考古資料が、ほぼまったく欠けていることである。これには、メディアの首都とされるエクバタナの遺構が、近代に築かれた都市（現イラン北部のハマダーン）の下に埋まって、発掘調査がほとんどできていないという事情もあずかっている。それにしても、ヘロドトスの記す七重の城壁などは、一部が工事のおりなどに発見されてしかるべきだろう。

考古資料の欠如にくわえて、非ギリシア語の文字史料からもメディアの制度的な王国像は見出せない。ギリシア語の史料によればメディアは文書社会だったはずだが、メディア人自身による文字史料は残っていない。一方で前八世紀から七世紀なかばにかけて、アッシリアの史料にはメディアへの言及がしばしば見られる。アッシリアは交易路の確保と良馬の捕獲を目的としてメディアへ攻め入ることもあったが、メディア全域を征服するには至らなかった。アッシリアの史料では、単独統治者としてのメディア王は登場せず、メディア人らは集団ごとに要塞《ようさい》化された場所に居住し、個々に集団をたばねる首長がいたという。メディア王国の最盛期であったはずの前七世紀なかば以降は、むしろアッシリアの史料ではメディアへの言及が途絶える。これらを踏まえ、サンシシ＝ヴェールデンブルフといった研究者らは、メディア「王国」とはギリシア人らの想像の産物であって、実態はイラン系騎馬集団の部族連合のようなものだったのではないかと推測している。

このような見解にたいしては、行き過ぎとの反論も出されている。しかし、現状ではペルシア帝国がメディア「王国」を先行国家とし、草創期にはその領土的基盤のみならず、国家的な制度をも内に取り込んだとの見方に修正が余儀なくされている。このことは他方で、ギリシア人史家たちの思い描いたようなメディア「王国」はどこから生まれてきたのかという新たな問題を浮上させるが、ここではこれ以上の考察は控え、キュロスによるペルシア帝国の建国過程へと話を戻したい。

アッカド語史料における対メディア戦争

同時代史料でキュロスの活動は、新バビロニア王国最後の王ナボニドス（在位前五五六～五三九年）が作成した円筒形碑文によって、はじめて確認される。この碑文は、王ナボニドスとバビロニアの国家神マルドゥクとの、夢のなかでの対話をアッカド語で記録したものである。それによると、ある夜、ナボニドスはマルドゥク神から、ハランにあるエフルフル神殿の再建を命じられた。月の神シンに捧げられたこの神殿は、当時廃墟となっていたらしい。

これにたいしナボニドスは、その地域ではメディア人らが脅威となっているとの憂慮を示した。すると、マルドゥク神は「おまえが言うメディア人なる者は、彼も彼の土地も、彼に味方する王たちももはや脅威とはならないであろう」と答え、「治世三年目がくると、神は彼〔メディア王アステュアゲス――筆者注〕に彼の若きしもべ、アンシャンの王キュロスを興した。彼はわずかな軍隊で強大なメディアを蹴散《けち》らした。キュロスはメディア人の王アステュアゲスを捕らえ、捕虜として自分の土地へと連れて行った」という。

ここでは、ペルシア（キュロス）によるメディア（アステュアゲス）討伐が、ナボニドスの治世三年目、すなわち前五五三年の出来事として語られている。しかし、同じくアッカド語史料である「バビロニア年代記」では、キュロスの対アステュアゲス戦争勝利は前五五〇年の出来事として記録されており、一般にはこちらのほうがより正確な年代として受け入れられている。戦争は前五五三年に始まり前五五〇年まで継続したと考えて、両史料の矛盾を解消する解釈も成り立つ。

「ナボニドスの円筒形碑文」で、より問題となるのは、キュロスを「彼の若きしもべ」と表現する文言である。かつてはギリシア語文献史料から得られた理解を当てはめて、ここでの「彼」とはメディア王アステュアゲスのことを指すと考えられていた。しかし、前述のようにペルシア帝国をメディア「王国」の直接的な後継国家とする見方が修正されつつある近年では、「彼」とはマルドゥク神自身を指すのだというように、解釈が変わってきている。これにしたがえば、当初キュロスは苦境にあるナボニドスにとって、マルドゥク神から遣わされた救世主のような存在として認識されていたことになる。

キュロスによるアナトリア征服

前五五〇年、キュロスはまたたく間に国際的な覇権争いの舞台へと躍り出た。通常この年をもって、ペルシア帝国の建国が成ったと見なされる。

キュロスはまさしく「征服する王」だった。メディア征服後のキュロスはアナトリアとバビロニアの二方向へと軍を進めた。当時アナトリアを支配していたのはクロイソス治下のリュディア王国である。このペルシア帝国によるリュディア王国侵攻は、アナトリアのエーゲ海沿岸に居住していたギリシア系住民にとってはかなり衝撃的な事件だった。

たとえば、前六世紀の哲学者かつ詩人であったクセノパネスは、アナトリアの都市コロポン出身だったが、「あのメディア人〔ペルシア帝国将軍でメディア人のハルパゴス――筆者注〕が来たとき、あなたは何歳になっていたんだい」という詩の一節を残している。これなどはペルシア帝国の到来が、たとえば日本における「戦後〇〇年」という表現と同じように、ギリシア人らの時間認識の区切りとなっていたことを示している。

キュロスによるアナトリア侵攻はギリシア語文献史料に多くの記述が残っており、それらはメディア征服の記述とくらべるならば、かなり信用に足ると見なしてよかろう。そのうち、もっとも詳細な記録を残しているヘロドトスの歴史書によれば、その過程はつぎのようになっている。

キュロスは西方に進軍すると、まずはアナトリア中央のカッパドキアにて、クロイソス軍と激突した。このとき、いずれもが決定的な勝利をおさめないうちに冬が到来し、クロイソス軍は翌春の再戦に備え、いったん自国に帰還した。クロイソスが敵軍も同様の行動に出るものと期待していたにもかかわらず、キュロスは軍を解かずに、そのままいっきに進軍し、リュディア王国の首都サルデイスを攻囲のすえに落とした。首都サルデイス陥落をもって、リュディアの領土をほぼ手中におさめたと判断したキュロスは、周辺地域の征服を部下にまかせ、自身はつぎなる征服のために本国ペルシアへと帰還した。征服活動を引き継いだ将軍のマザレスとハルパゴスは、アナトリアのギリシア系都市をつぎつぎと征服し、ヘロドトスの出身地であるハリカルナッソスとクテシアスの出身地であるクニドスも、このときにペルシア帝国領の一部となった。

ところで、このアナトリアのギリシア人地域を領土に入れたことは、ペルシアの軍事力にとって大きな変質をもたらした。キュロス時代のペルシア帝国は純然たる陸軍国家であった。

したがって、陸続きとなっているアナトリアのギリシア系都市国家が、抵抗むなしくペルシア帝国の軍門に降《くだ》ったのとは対照的に、エーゲ海の島々の都市は、これをまさに「対岸の火事」として眺めていた。細長い地峡の先端に築かれたクニドスなどは、ペルシア軍の襲来を防ぐために、地峡を開削し大陸から切り離し、自国領を島に変えてしまおうという大胆な土木工事を試みたらしい。けっきょく計画は頓挫してしまうが、この逸話などは、初期のペルシア軍の特徴をよく物語っていよう。しかし、アナトリアのギリシア人を自国の臣民にくわえたことで、ペルシア帝国軍は新たな戦力、すなわち良質な海軍力を手に入れたのである。

これにより、キュロス以降のペルシア帝国はさらなる領土拡大を可能とした。

なお、キュロスひきいるペルシア軍によるサルディスの陥落は、一般には前五四七年に置かれる。ただし、これはバビロニア出土の年代記の欠損を補う読みにもとづいており、異説も提案されている。いずれにせよ、前五四〇年代のことであろう。

「造る王」によるパサルガダイ建都

サルディス陥落後、アナトリアの征服事業を部下にまかせたキュロスは、一足先に本国へと帰還し、つづいてバビロニアの征服に乗り出した。ヘロドトスの史書では、この二つの征服事業がほとんど時を置かずに着手されたように読めるが、実際には一〇年弱の開きがある。

おそらくその合間にキュロスは、新たな王宮都市パサルガダイの建設に着手したと推測される。

ヘロドトスの『歴史』では、地名としてのパサルガダイは登場しない。彼によれば、パサルガダイとはペルシア人を構成する主要部族の一つなのだという。クテシアスの『ペルシア史』では、パサルガダイがきちんと地名として認識されており、同地はキュロス軍とアステュアゲスひきいるメディア軍が最終決戦をくり広げた舞台で、このときの勝利をきっかけに、以後ペルシア大王はパサルガダイの住民に特別な敬意を払うようになったという。ローマ時代の地理学者ストラボンの記述では、つぎのように、戦勝と敬意、そして建都が明確に結びつけられている。

また、キュロスはパサルガダイ市を大切に扱った。大切にしたのは、王がここでメディア王アステュアゲスとの最後の戦闘に勝ってアジアの支配権を自国へ移したからだった。王は市を建設し勝利の記念物として王宮の殿舎を整えた。

（ストラボン『地誌』一五・三・八）

キュロスの時代、パサルガダイには王宮（もしくは宮門）、「ソロモンの牢獄《ろうごく》」と呼ばれる塔状の建物、そしてキュロス自身の墓が築かれた。「ソロモンの牢獄」というのはむろん後世につけられたあだ名である。建物の本来の用途はすでに不明となっており、火が祀《まつ》られた神殿、墓、宝物庫、あるいは新しい王の即位にまつわる儀式の場だったなどの説が出されている。

パサルガダイは新帝国ペルシアにふさわしい王宮都市として建設されたが、その役割は三十数年で終わる。ダレイオス一世がパサルガダイに代わる王宮都市としてペルセポリスの建設に着手したからである。しかし、ダレイオス以後も整備事業が放棄されたわけではなく、パサルガダイは帝国発祥の地と見なされ、旧都としてセレモニアルな役割を担っていくこととなる。

バビロニア征服とユダヤ人の解放

前五三九年、「征服する王」キュロスは、ナボニドス治下の新バビロニア王国へと軍を進めた。この新バビロニア王国の歴史について、ギリシア語文献史料は絶望的に役立たない。ヘロドトスの『歴史』によれば、ニネヴェ陥落後、バビロンには二人の王が立ったという。最初の王はニトクリスという名の女性で、つぎがニトクリスの実子であるラビュネトスという人物であった。この記述を無理やり史実に当てはめるならば、前者がネブカドネザル二世、後者がナボニドスということになろうが、むろんネブカドネザルは女王ではないし、ナボニドスもネブカドネザルの実子ではない。クテシアスの『ペルシア史』になると新バビロニア王国との戦争の記述がまるまる落ちており、なぜここまでギリシア語ペルシア史家らが新バビロニア王国の存在を軽視したのかは、今後考察に値するテーマとなろう。

しかし、バビロニアにはもともと事件を年代ごとに記録する伝統があり、ギリシア語文献史料に頼らなくとも、征服までの経過が再現可能である。それによると、キュロスがバビロニアに侵攻する以前の約一〇年間（前五五三〜五四三年）、新バビロニア王国最後の王となるナボニドスは、アラビア半島北部のオアシス都市テイマに滞在しており、本国の統治は王太子のベルシャザルにまかせていた。ペルシア帝国が強大化しつつあるという緊迫した時期に、なぜナボニドスがこれほど長きにわたって首都バビロンを留守にしていたかは、よくわかっていない。ナボニドスはまだキュロスの快進撃をさして警戒していなかったのかもしれないし、一方で彼がテイマに赴いた理由としては、アラビアの通商路を押さえるという経済的な理由や、あるいはそこが彼の傾倒した月神シンの重要な聖地だったことと関係するとも指摘されている。

テイマからバビロンに帰還したのちの前五三九年、ナボニドスは今度は各地から神々の像をバビロンに集めるという行動をとっている。おそらくは、いよいよペルシア軍が侵攻して

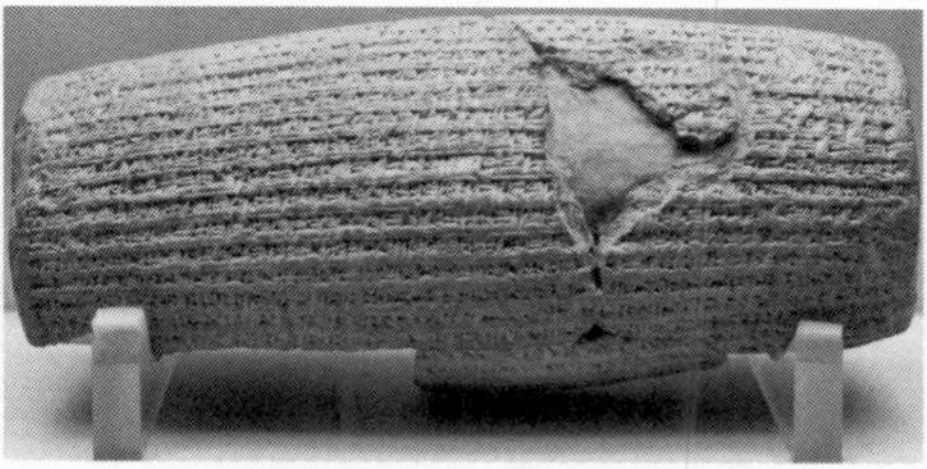

1－3　「キュロスの円筒形碑文」

くるのを前にした、避難措置だったと推測される。そして同年秋、キュロス軍はティグリス川畔のオピスでバビロニア軍を破ると、シッパル、バビロンへと無血入城をはたした。ナボニドスの行く末については史料間で揺れており、捕らえられてキュロスの前に引き出されたとも、その直前に逃げ出したとも言われる。ここにまた、ポスト・アッシリア時代を担った一角が崩れ落ちた。

新バビロニア王国征服については、大変ありがたいことに、征服者であるキュロス自身の名で語られた記録も残っている。この史料は「キュロスの円筒形碑文」と呼ばれるアッカド語碑文で、現在は大英博物館に展示されている。碑文は樽《たる》を横に倒したようなかたちをしており、幅は約二二センチメートル、高さは最大部で約一〇センチメートルあり、表面に三五行の銘文が刻まれている（のちに三六～四五行目の欠損部分がアメリカ合衆国イェール大学のコレクションから発見される）。バビロンのマルドゥク神殿の基礎に埋められているところを発掘された（1－3）。

碑文によれば、バビロニア王ナボニドスがマルドゥク神を敬わなくなったので——彼は月神シンの信仰に傾倒していた——、マルドゥクはみずからの代理人としてキュロスを選び、バビロンにふたたび平和を取り戻すために、彼に勝利を与えた。バビロンの住民もキュロスを喜んで迎え入れ、バビロンでは神々への捧げ物や信仰といった以前の日常が取り戻されたのだという。この解釈では、戦争前にナボニドスが各地から神々の像を移したことも不敬行為にあたり、反対に戦後キュロスがそれらの像を元の場所へと戻したことは、敬神的な行動として描かれている。このような信仰の自由を取り戻すという内容は、「はじめに」でも述べたような、「キュロスの円筒形碑文」がパフラヴィー朝イランで「史上最初の人権憲章」と呼ばれる根拠となった。

キュロスによる新バビロニア王国征服後、バビロニアに「捕囚《ほしゅう》」(実際には「捕囚」という言葉からイメージされるような、監禁生活だったわけではない)されていたユダヤ人らはパレスチナへの帰還を許された。それゆえ、キュロスは旧約聖書では善き王として語られ、「わたし(ヤハウェ)の牧者、わたしの望みを成就させる者」、「主が油を注がれた人」などと呼ばれている。ただし、このときに帰還したのは捕囚民の一部であり、残りのユダヤ人は引き続きバビロニアに残った。すでに彼らは、バビロニアに生活の根を張っていたのである。

「キュロスの円筒形碑文」と旧約聖書ではいずれも、キュロスは被征服地、被支配民の文化的・社会的文脈のなかで「救済者」として立ちあらわれている。これは、被支配民の側が新しい統治者に迎合した側面と同時に、キュロス自身がそう映るようにセルフ・プロデュースしたことにもよる（旧約聖書が前者に、「キュロスの円筒形碑文」が後者にあたる）。このような姿勢は、キュロス以後のペルシア大王にも受け継がれており、キュロスの子カンビュセスも征服地のエジプトでは、現地の文化的・社会的文脈にそって自分自身を表現している。また、実際に征服した地域だけではなく、その外にある国々との交渉の場でも、これが確認される。ペルシア帝国がギリシアに遠征するに先立っては、ペルシア王クセルクセスからギリシア本土の都市アルゴスに使節が派遣された。使節は、ギリシアの神話上でペルシア人とアルゴス人が親戚関係にあたると主張し、アルゴスとの戦争回避と同盟関係を迫ったという。ペルシア大王は自己演出にも長《た》けていたのである。

キュロスの死と墓

新バビロニア王国征服後のキュロスの行動については、よくわかっていない。最後に残ったオリエントの大国であるエジプトの征服を計画していたかもしれないが、実際にエジプトにたいして軍事行動がとられるのは、子のカンビュセスの代になってからだった。ギリシア語文献史料によれば、キュロスは北方への遠征中に戦死したとのことである。

ヘロドトスによれば、それはカスピ海東部に居住するスキタイ系騎馬民族の一つである、

1－4　「トミュリス女王に運ばれるキュロスの首」
ピーテル・パウル・ルーベンス作

マッサゲタイ人への遠征だったという。クテシアスも同じく、北方の部族であるデルビケス人との戦争中に負った傷が原因で、キュロスは戦死したと伝えている。二人の歴史家は、キュロスが北方遠征中に戦死したという点では一致するものの、彼の遺体の扱われ方には意見の相違が見られる。ヘロドトスによれば、キュロスの遺体は戦闘終了後に戦場にあるのを発見され、敵国マッサゲタイ人の女王トミュリスによって、首が切り離され、血まみれのまま皮袋に入れられるという屈辱的な扱いを受けた。トミュリスは自分の息子がペルシア軍の罠《わな》にかけられて、自死した恨みを忘れなかったのだという。この場面はなかなかインパクトがあり、ルーベンスをはじめとして、西洋の画家によって何度となく描かれている（1－4）。

一方クテシアスによれば、キュロスは負傷後、息のあるままに自陣へと運び込まれ、みずからの死後の体制を遺言に残してから亡くなったという。ヘロドトスは、キュロスの生誕時と同様に、彼の死についても複数の伝承が残っていると述べており、北方遠征中の戦死というのも確かなことかどうかは不明である。なお、クセノポンの『キュロスの教育』では、主人公は老年まで生き、親しい者たちに看取《みと》られるなか静かに息を引き取っているが、これは彼を理想化するという同書の目的に適《かな》っていよう。キュロスの没年は前五三〇年と推定されており、ヘロドトスによれば、王位にあること二九年であった（この計算にしたがえば、キュロスはメディアを打倒する以前に、ペルシア人らの王位に就いたことになる）。

キュロスの墓は、自身のプロジェクトである王宮都市パサルガダイに造営された。この墓については、ローマ時代のギリシア人史家アリアノスが著した、『アレクサンドロス大王東征記』にかなり詳しい描写が残る。アリアノス自身は紀元後二世紀とかなり後代の人物になるが、彼の情報はアレクサンドロス軍に随行した歴史家アリストブロスに由来した。それによれば、キュロスの墓の周囲には庭園が造られており、墓はさまざまな種類の樹木で覆われ、灌漑《かんがい》された水も流れていたという。墓室の入口は人ひとりが通れるぐらいの大きさだが、墓室内には黄金製の棺のなかにキュロスの遺体が納められ、その横には脚に金細工をほどこした長テーブルが設《しつら》えてあった。長テーブルの上には、あでやかな衣装が何着も置かれており、そのほかにも装飾品や剣などが供えられていた。そして、墓域内には父子相伝の墓守が常駐し、毎月キュロスに馬を供犠《くぎ》していた。

アレクサンドロスが最初にパサルガダイに到着した時点では、キュロスの墓は盗掘されずに保存されていたようだが、彼がさらに東方へと遠征しているすきに、墓は荒らされ、キュロスの遺体にも損壊がくわえられたという。キュロスを敬愛するアレクサンドロスは、この暴挙に怒り、できるかぎり墓の内部を修復し、さらなる盗掘を防ぐために墓の入口をふさいだとのことである。

キュロスの墓は現在、パサルガダイの宮殿から南方約一キロメートルのところにある、「ソロモンの母の墓」と呼ばれる遺構がそれにあたると有力視されている（1－5）。この遺構は、のちのペルシア大王の墓とは形状が大きく異なる。ダレイオス一世以降のペルシア大王は磨崖《まがい》をうがって墓を築いたのにたいし、このキュロスのものとされる遺構は平地に建てられており、六段に積まれた基壇の上に、切り妻式

1－5　キュロスの墓とされる遺構

の屋根を持つ墓室が乗るという形状となっている。ペルシア帝国におけるアナトリア支配の拠点であるサルディスからは、ピラミッド型の墓の遺構も発見されており、これは地元の有力者がキュロスの墓廟《ぼびょう》を模したとも考えられている。ただし、「ソロモンの母の墓」をキュロス廟とする比定は完全なものではなく、ほかの遺構——たとえば先述の「ソロモンの牢獄」——がそれにあたる可能性は排除されていない。

キュロスの国家はペルシア帝国なのか?

さて、ここまで話がややこしくなるのを避けるため、とくに断りもなく、アケメネス朝ペルシア帝国の初代大王としてキュロスのことを語ってきた。アケメネス朝ペルシア帝国とは、「ペルシア人」の「アケメネス家」がヒエラルキーの頂点に君臨する帝国という意味である。ところが、キュロスはじつは「ペルシア人」でもなければ、「アケメネス家」の人でもなく、したがってキュロスの帝国は二重の意味でアケメネス朝ペルシア帝国とは呼べない、とも言われる。なぜ、このような説が唱えられるのだろうか。ここではまず、キュロスはペルシア人なのか、という前者の問題に焦点を当てたい（後者の問いは第3章で取り上げる)。

われわれは現在、キュロス自身が作らせたと考えられる碑文史料を数点有している。そのうちの一点、メソポタミアの都市であるウルの神殿に刻まれたアッカド語碑文には、つぎのように書かれている。

余はキュロス、世界の王にしてアンシャンの王、アンシャンの王カンビュセスの息子。偉大なる神々がすべての土地を余の手にゆだね、そして余は土地を平和のまま生かす。

（Kuhrt, *The Persian Empire*, 3. 22〔ii〕）

また、先述の「キュロスの円筒形碑文」でも、キュロスは「大王にしてアンシャンの王たるカンビュセスの息子、大王にしてアンシャンの王たるテイスペスの子孫」と自己規定している。キュロス以外の手によるアッカド語史料である「ナボニドスの円筒形碑文」でもやはり、キュロスは「アンシャンの王」である。これらを読むと、キュロスは「ペルシアの王」である以前に、「アンシャンの王」だったということになる。

それでは、アンシャンとは何か。アンシャンとは古代国家エラム領の東辺にある都市で、西に位置するスサと並び、エラム国の首都の一つだった。エラム国は前三〇〇〇年紀末から前一〇〇〇年紀前半にかけて強勢をほこり、しばしばアッシリアと互角にわたり合うほどの国力も見せていたが、前七世紀なかばにアッシリア王アッシュルバニパルとの戦いに敗れて以降は、アッシリア帝国に吸収され弱体化していった。

一九世紀末にキュロスを「アンシャンの王」と呼ぶ文言が発見されて以来、学者たちはこれをどう理解すればよいのか、頭を悩ましてきた。一九七〇年代の発掘調査で、アンシャンはパールサ地方（古代ギリシア語でペルシスといい、ペルシアの語源となる地域）西辺に位置したことが明らかとなったが、しかしそこは何よりもエラム国の重要な拠点だった。したがって、キュロスが「アンシャンの王」を自称し、また呼ばれていたという事実は、さまざまな解釈を呼び起こした。そこで以下では、この難問にたいする三つの異なった解釈を紹介しよう。

一つには、東からのペルシア人の流入を前提とする説である。この説によれば、前八世紀末以降、アッシリア帝国とエラムはたびたび軍事衝突を起こしてきたが、前七世紀なかばアッシュルバニパルによってエラムはついに征服され、西の首都スサも破壊された。これによってエラム国家が東西に分裂・衰退したところ、以前よりイラン高原中央部から流入していたペルシア人が、東の首都アンシャンを拠点に新たな王朝を創建した。これがキュロスの祖となる王朝だという。

二つ目の説は、ペルシア人流入の実態を論じずに、「アンシャンの王」という文言自体の解釈を見なおす。この説は、キュロスを「アンシャンの王」と呼ぶ史料が、ことごとくバビロニアから出土したアッカド語碑文であることに着目する。先述したように、ペルシア大王らはしばしば被征服地の文脈にあわせて自己表現を変化させてきた。エラムがアッシリアと角逐していた頃、エラム王は「アンシャンとスサの王」と名乗っており、「アンシャンの王」はメソポタミアでよく知られた格式高い称号となっていた。そこでキュロスは、バビロニアの文脈にあわせて「アンシャンの王」を名乗っていたにすぎず、ここでいうアンシャンとは、じつはパールサ地方の新王都パサルガダイを指すのだという。

最後の説も第二の説と同様に、ペルシア人の流入を解釈の鍵とはしない。すなわち、前七世紀初頭にすでにエラムは東西に分裂しており、アッシュルバニパルによるスサ破壊後も、アンシャンを首都とするエラム系王朝は存続した。ポスト・アッシリア時代に突如としてあらわれたキュロスの帝国は、このアンシャン王朝の爆発的拡大である。この説にしたがえば、キュロスはエラム系であって、ペルシア人ではなくなってしまう。

以上のように、キュロスは「アケメネス朝ペルシア帝国」の初代大王でありながら、彼の経歴は出自、誕生、帝国の創建、死と、人生の重要な局面で多くの謎に包まれている。決定的な結論が出せるほどに、同時代史料が揃《そろ》っていないのだ。それゆえ本書でも、いずれが正解でいずれが定説かを提示できないままに、さまざまな説を紹介せざるをえなかった。ともあれ、キュロスについてはここまでとし、カンビュセスの治世へと話を先に進めよう。

第2章　エジプトを征服した狂気の王
――カンビュセス二世

カンビュセスの即位

アケメネス朝ペルシア帝国初代大王（この呼び名が問題含みなのは先述のとおりだが、とりあえずこのままにしておく）キュロス二世の跡を継いだのは、長男カンビュセスだった。キュロス二世の父の名もカンビュセスなので、それと区別するために、カンビュセス二世と呼ばれることもある。「バビロニア年代記」では、新バビロニア王国征服の翌年に、キュロスとともにカンビュセスの名も言及されており（「キュロスの円筒形碑文」には、「マルドゥクを崇拝する王キュロスと、私の血を分けたカンビュセス」という文言が登場する）、カンビュセスがキュロスの跡を継ぐのはある程度、既定路線だったと見られる。ただし、これを共同統治とまで言い切れるかは不確かである。

カンビュセスは前五三〇年に即位すると、まず父キュロスの葬儀を済ませた。その後、最後に残ったポスト・アッシリア時代の大国、エジプトの征服に乗り出す。前五二五年のことだった。

サイス朝エジプト（エジプト第二六王朝）

それでは、カンビュセスが侵攻するまで、エジプトはどのような歴史を歩んできたのか。エジプトは旧アッシリア領に属していたとはいえ、その期間は短く、実態にも乏しい。前六七〇年代なかば以降、エサルハドン王のもとアッシリアがエジプトに侵攻すると、ときのエジプト王タハルカはこれを食い止められなかった。いったんは上《かみ》エジプトへと撤退したタハルカと甥のタンタマニだったが、態勢を立て直し、ふたたび攻勢を仕掛けた。タンタマニの北進にたいし、アッシリアはエサルハドンの子で後継王となるアッシュルバニパルの指揮下、迎え撃つ。タンタマニは敗れ、今度はさらに南方のヌビアへと追いやられた（前六六三年）。なお、ヌビアとは、現在の国名でいえばアスワン以南のエジプトおよび北スーダンがそれにあたり、古代ギリシア人はここを「エチオピア」と呼んだ。

タハルカ一党の追討と同時に、アッシュルバニパルはナイル・デルタの都市サイスを拠点とするネコ一世を重視し、彼の王朝をアッシリアの従属国家に据えて、エジプトを間接的に統治していく道を選んだ（ネコ一世はタンタマニとの戦いで戦死しており、実際に統治を託されたのは、息子のプサメティコス一世）。当初サイスの王朝はアッシリアの庇護《ひご》下にエジプト国内の統一を進めたが、支配を確立するにつれ、前六五三年ごろまでに緩やかにアッシリア支配からの脱出に成功した。とはいえ、エジプトとアッシリアの関係は完全に破綻したわけではなく、衰退が顕著な末期アッシリアにたいしては、新バビロニア王国との対抗関係から、エジプトはこれを支援している。

古代エジプト史で、サイス朝は第二六王朝に数えられる。このエジプト史の第○○王朝という数え方は古く、ヘレニズム時代のエジプト人史家マネトンの考案による。しかし、その簡便さゆえに、現代の研究者によっても引き続き、古代エジプト史の年代的なフレームワークとして用いられている。

マネトンはプトレマイオス朝下に生きたエジプト人で、歴史家であるとともに神官職にも就いており、その立場から現地語で書かれたアクセスの難しい史料をも参照できた。主著はギリシア語で執筆された『エジプト史』で、ときの君主プトレマイオス二世の要請におうじて書かれ、彼に献呈されたと考えられている。この史書のなかでマネトンは、はじめて上下エジプトが統一された前三一〇〇年頃から、エジプト人の王による最後の古代王朝が滅亡する前三四三年までの長期にわたる時間を、三〇の王朝に区切って叙述した。しかし残念ながら、マネトンの著作はすべて散逸しており、現代のわれわれは、その著作を参照した後世の作家たちの記述をとおして、間接的に彼の作品に触れるのを許されるのみである（このような史料の残り方はクテシアスの『ペルシア史』と同じで、「断片史料」と呼ばれる）。

古代エジプト第二六王朝のサイス朝は、初代のプサメティコス一世から四代目のアプリエスまでは親から子へと王位を継いでいったが、前五七〇年に王家外の出身だった軍人アマシスによって王権が簒奪された。追放されたアプリエスは、新バビロニア王国の援助を借りて政権奪還を試みるも、アマシスとの戦闘で敗れ死ぬ。アマシスは野心的かつ有能な君主だったようで、先代のサイス朝王が重用してきたイオニア系ギリシア人らの外国人部隊をみずからの身辺警護役に引き立て、エジプトにおけるギリシア人の交易拠点となる河港都市ナウクラティスを発展させたため、「ギリシア贔屓《びいき》の人」とも呼ばれる。さらにアマシスは東地中海最大の島キプロスを版図にくわえ、エーゲ海の島嶼国家サモスとも同盟を結び、海洋支配を実現していった。

カンビュセスによるエジプト遠征

ペルシア帝国はもともと西アジアの内陸から興った陸軍国家であった。したがって、海軍力をも兼ね備えたアマシス治下のエジプトを征服することは、最初期のペルシアにとっては困難な事業だったはずである。しかし、キュロスの時代にアナトリアのギリシア系植民都市を支配下におさめ、勢力を伸長させるにしたがって、エジプトの同盟国サモスとキプロスが、ペルシアへと寝返ってしまう。サモスがエジプトとの同盟からペルシアへと鞍替《くらが》えした事件について、ヘロドトスが興味深い逸話を記録しているので、ここで紹介しよう。

当時サモスの支配者はポリュクラテスという人物だった。アマシスはこの同盟相手があまりにも幸運続きなのを見ると、彼に手紙を送り、いつかその盛運の反動として大きな不幸に見舞われないように、計画的に不幸な目にあうのがよかろうと忠告する。これをもっともだと受け取ったポリュクラテスは、大切にしていた印章付き指輪を海中へと投げ捨てた。ところが、サモスの漁師が釣り上げた大魚をポリュクラテスに献じたところ、その体内より捨てられたはずの指輪が発見されたのである。これを知ったアマシスは、将来ポリュクラテスには大きな禍《わざわい》が降りかかると考え、彼のほうから同盟関係を終わらせたという。その後ポリュクラテスはペルシアからのエジプト遠征救援の要請にたいし、島内の反体制派を排除する目的も兼ねて、彼らを派遣した。

ヘロドトスの伝えるこの逸話によれば、同盟関係を絶ったのはエジプトの側からであった。しかし、おそらくは急速に拡大するペルシア帝国の勢力を目の当たりにしたポリュクラテスが、冷静な政治判断をもってエジプトを見限ったのではなかろうか。というのも、もう一つのエジプトの重要な海洋拠点であったキプロスも、これとほぼ時を同じくしてペルシア側へと寝返っているからである。序章で述べたとおり、ヘロドトスは青年期のある時期をサモスで過ごしており、ひょっとしたら現地でサモスの裏切りの責任を転嫁するような風説を耳にし、それを書き留めたのかもしれない。

ペルシア軍が海軍力を備えたからといって、エジプト侵攻が容易になされたわけではない。エジプトへの東からの進入路にあたるシナイ半島には砂漠が広がり、給水が難しい。また海からの進入路でも、ナイル川はメンピス以北の川下で複雑に枝分かれしており、遡航《そこう》や上陸が可能な地点を正しく選択していかなければならない（二〇六頁の地図を参照）。ギリシア語文献史料によれば、遠征に先立ってエジプト側から内通者が出たおかげで、カンビュセスはエジプト征服に成功したのだという。なお、エジプト王アマシスはこの戦争の前年（前五二六年）に死去しており、カンビュセスが実際に戦ったのはアマシスの息子のプサメティコス三世だった。このペルシアによる第一次エジプト占領期が、マネトンによって第二七王朝にカウントされる。

事前の準備も功を奏してエジプトを征服したカンビュセスは、その後エジプト西部のシワ・オアシスに住むアンモン人とエジプト南部のヌビアにむけても遠征をおこなった。しかし、この二つの遠征について詳細を語るヘロドトスによれば、これらはいずれも大失敗に終わったという。シワ・オアシスへの遠征では、砂漠を行軍中に兵たちが砂嵐にあい、生き埋めになって姿を消した。また、カンビュセス本人がひきいたヌビア遠征は、全行程の二割にも満たないところで早々に食糧が底をついて、その後は兵士たちが互いの人肉を食うという悲惨な行軍となり、ヌビア到達以前にエジプトへと引き返さざるをえなくなった。のちに日本の国民的漫画家である藤子・F・不二雄は、このエピソードに取材した「カンビュセスの籤《くじ》」（一九七七年）という短編作品で、死地にむかう兵士と行軍の惨状を描いている（2－1）。ただし、これらの遠征の成功を示唆する状況証拠も残っており、その成否については意見が割れている。

カンビュセス王は
ヌビアの金鉱を
手中にせんものと
五万の軍勢を
発せられたのだが
……
コロスコから
アブハメドに
至る行程の
わずか四分の一を
進んだだけで
食糧が尽きた

2－1　藤子不二雄「カンビュセスの籤」
『藤子不二雄ＳＦ全短篇　第1巻』中央公論社、1987年、305ページ

狂気のペルシア王？

カンビュセスはオリエントの大国エジプトの征服に見事成功したわけだから、本来は有能な王としてそれなりに評価されてしかるべきだろう。しかしながら、ヘロドトスの『歴史』では、狂気のペルシア王として描かれ、彼のなした悪行の数々が以下のごとく並べ立てられている。

カンビュセスの狂気はまず、自分の周囲にいる人々にむけられた。彼にはスメルディスという名の弟がいたのだが、カンビュセスはある出来事をきっかけに弟を嫉妬《しっと》するようになり、ついには暗殺した。この王弟の死をめぐる事情は、カンビュセスからダレイオスへの王権移行の謎にかかわる重要事案なので、ここでの深入りは控え、詳しい検証は次章にゆずりたい。

この暗殺に関連してもう一人、カンビュセスの近親者が命を落とした。カンビュセスは自分の姉妹二人を妻としていたが、そのうちの一人がたまたま妊娠中に、スメルディス暗殺をあてこするような発言をする。これに怒りが爆発したカンビュセスは、身重の妻に躍りかかり、流産させたうえで殺したのだという。

カンビュセスの狂気は肉親のみならず、家臣にもおよんだ。あるとき酒を控えるように諫《かん》言《げん》した近臣のプレクサスペスにたいし、カンビュセスは彼の息子の心臓を弓矢で正確に射貫いて、自身が酒に溺れていないことの証明とした。父の代からの側近クロイソス（元リュディア国王）もプレクサスペス同様にカンビュセスを諫《いさ》めたところ、彼はクロイソスを殺そうとした。クロイソスの場合は家臣たちにかくまわれて助かるのだが、のちにカンビュセスはクロイソス本人ではなく、このとき彼をかくまった家臣たちを処刑した。カンビュセスはまた、一二人ものペルシア人貴族を、さしたる罪もないのに生き埋めにしたという。

エジプト滞在中のカンビュセスは、現地の文化慣習をも踏みにじった。前述のとおり、ペルシア軍の遠征直前にエジプトでは王が代替わりした。カンビュセスはエジプト征服直後、憎き先代のエジプト王アマシスの墓を暴き、ミイラ化された王の遺体に損壊をくわえたうえで焼却した。アマシス以外の墓所でも、墓をのぞいてはミイラを見物したらしい。また、神殿に祀られている小人の姿をした神像を嘲笑《ちょうしょう》し、焼き払うといった冒瀆《ぼうとく》行為も犯したという。ヘロドトスの記す悪行の数々は、のちのギリシア人たちに、キュロス死後にペルシア帝国が乱れたとする論拠を与えた（詳しくは第6章の「ペルシア帝国衰退史観の夢と現実」の項を参照）。

ヘロドトスによれば、カンビュセスは生まれながらに狂気の人であったが、その性向はエジプト滞在中にエスカレートしたという。そのきっかけとなったのが、「聖牛アピス事件」である。

「聖牛アピス事件」

エジプト征服後、カンビュセスが南方のヌビアに遠征し、手ひどい敗退を味わった（かもしれない）ことは、前述したところである。ヘロドトスの『歴史』によれば、ペルシア軍がこの遠征から帰還したさい、エジプト人らは偶然にも聖牛アピスの顕現を祝っていた。アピスとはプター神の化身とされる聖なる牛で、間隔を空けてまれにしか誕生せず、さまざまな身体的特徴からそれと見分けられるという。顕現を祝うエジプトの民衆を目の当たりにしたカンビュセスは、彼らが自身のヌビア遠征の失敗を喜んでいると勘違いして怒り狂い、短剣を手に聖牛に切りかかり、股《もも》に傷を負わせた。その後、関係する祭司を鞭《むち》打《う》ち刑に処し、祭りを祝っていたエジプト人を無差別に殺害し、アピス牛もカンビュセスの負わせた傷がもとで死んだ。祭司たちは、カンビュセスの目を盗んで、これを葬ったという。

以上が、ヘロドトスの伝える「聖牛アピス事件」の概要である。これがもし真実ならば、エジプト人らの信仰を冒瀆するとんでもない事件と言えよう。もともとヘロドトスは、他国の文化慣習を踏みにじるような行為に、厳しい目をむける。先にカンビュセスがエジプト王アマシスのミイラを焼いた事件を紹介したが、このときもヘロドトスはわざわざ、遺体の焼却はペルシア、エジプト両国の慣習に反した行為だと指摘する。カンビュセスがエジプトの神像を嘲笑したのに関連しては、ヘロドトスは誰にとっても自国の文化が最上であり、それを他人が否定することは許されないという、文化相対主義的な見解を披瀝《ひれき》している。このような思想の持ち主からすると、「聖牛アピス事件」は狂気の沙汰としか思えなかっただろう。

しかし、「聖牛アピス事件」がとりわけ重要となってくるのは、ヘロドトス以外の史料、しかもカンビュセス自身によるアピスへの言及が残っている点にある。「聖牛アピス事件」が起こったのは、ペルシアによるエジプト支配の拠点都市メンピスであった。このメンピス郊外の墓地サッカラの神域からは、ある花崗岩《かこうがん》製の石棺《せっかん》が出土している。その表面にはヒエログリフでつぎのような碑文が刻まれている。

ホルス・セマタウィ（両国の統合者）、上下エジプト王メスゥティラー、（太陽神）ラーの息子カンビュセス、彼が永遠に生きながらえんことを！　カンビュセスは、彼の父アピス・オシリスへの記念物として花崗岩製の立派な石棺を造り、それは上下エジプト王メスゥティラー、ラーの息子カンビュセスによって捧げられた――すべての生命、永続とすべての支配権、すべての健康、すべての喜びを与えられし者、上下エジプト王として永遠に顕現する者よ！

(Kuhrt, *The Persian Empire*, 4. 13)

「キュロスの円筒形碑文」同様、この碑文は初期のペルシア大王がみずからの言葉で自己を規定する――むろんカンビュセス自身は碑文作成の監修者であって、文面の考案者というわけではないが――、貴重な史料である。「キュロスの円筒形碑文」の場合、キュロスはまず何よりも「アンシャンの王」だった。しかし、この碑文には「アンシャンの王」という文言は登場せず、カンビュセスは「上下エジプトの王」として立ちあらわれる。しかも、彼はホルス名「セマタウィ」や即位名「メスゥティラー」といったエジプト風の呼び名さえ持っている。先に指摘した、ペルシア大王が被支配地域の文化的・社会的文脈にそって自分自身を表現するという姿勢が、ここに確認されるのである。

それと同時に、碑文の後半では、亡くなったアピスのためにカンビュセス自身が立派な石棺を造ったと書かれている。一見したところ碑文の内容は、ヘロドトスの記述と明らかに矛盾する。碑文からはアピスの死因は不明のままだが、その葬儀は祭司たちによって密かにではなく、カンビュセスによって手厚くなされたというではないか。じつは、この碑文で死が語られるアピスと「聖牛アピス事件」の被害者をただちに同一視するのは、年代的な問題があって難しい。しかしながら、少なくともカンビュセスは、エジプト人の信仰を真っ向から否定したわけではなく、かなりの理解と敬意をもって接した、あるいはそう見られるように努力していたのである。その一方で、ヘロドトスの記述に残ったように、エジプトの信仰にたいするカンビュセスの冒瀆的な振る舞いも伝承された。このようなあい反するカンビュセス・イメージが混在する根底には、ペルシア（あるいは外国一般）のエジプト支配を快く思わない伝統に根ざした、否定的なプロパガンダが働いていたと推測されよう。

「ウジャホルレスネト碑文」

エジプト第二六王朝（サイス朝）から第二七王朝（ペルシアによる支配期）への移行期にかけては、ある有名なエジプト人が活躍した。名をウジャホルレスネトという。彼の名を一躍有名にしたのは、自身が作成した碑文だった。この碑文は「ナオフォロス（*naophoros*）」と呼ばれる形式――ウジャホルレスネトの彫像が、神像の収められた小さな祠堂《しどう》（*naos*）を両手で体の前に抱えて（*phoros*）いる――で作られており、像の上半身の一部をのぞいて、体全体を覆うように碑文が刻まれている。ウジャホルレスネトはそこで、自身の経歴を語るのである（2-2）。

２－２　「ウジャホルレスネト碑文」

彼はもともとサイス朝時代末期の王、アマシスとプサメティコス三世の親子に、書記官および艦隊の提督として仕えていたという。そのとき、カンビュセスひきいるペルシア軍の侵攻を経験する。その様子を、碑文から引用しよう。

彼〔ウジャホルレスネト〕は言う。諸外国の君主の大王ケムビチェト〔カンビュセス〕がエジプトにやって来た。時に、あらゆる国の異国人たちが彼と共にあった。彼はこの国を隈《くま》なく征服し、彼ら〔異国人たちは〕はそこ〔エジプト〕に腰を落ちつけ、彼〔カンビュセス〕はエジプトの偉大なる支配者にして諸外国の大王であった。陛下は、私を医師長に任命された。彼〔陛下〕は、私を〔王の〕友および王宮の支配者として彼〔陛下〕のお側《そば》近くにおかれた。〔私は〕彼〔陛下〕の名として、上下エジプト王メスゥティラーという王号〔即位名〕を考案した。（「ウジャホルレスネトの自伝碑文」）

この碑文を信じるならば、先の聖牛アピスの石棺に刻まれた碑文に登場する「メスゥティラー」というカンビュセスの呼び名は、じつはウジャホルレスネトによる発案だった。また、ウジャホルレスネトはサイス朝時代には提督という軍事関連の仕事に就いており、攻めてきたペルシア軍と直接対峙した可能性もある。それにもかかわらず、カンビュセスは彼を有用だと見抜き、ペルシア統治下でも引き続き要職に当たらせたのだという。

エジプト出土の碑文史料からは、在来の文化慣習を否定していったというよりは、統治の移行をできるだけスムーズにしようと配慮した、有能な統治者としてのカンビュセスの姿を見出せる。むろん、その陰には政権交代で不利益をこうむった人物も数多くいたであろうし、それにともない反カンビュセス、反ペルシアを掲げる集団も生まれただろう。実際、その後エジプトがペルシアに反乱するたびに、カンビュセスが打倒したはずのサイス朝の記憶が亡霊のごとく甦《よみがえ》るのであった。

カンビュセスの死

カンビュセスはエジプトを征服した前五二五年から約三年という長い期間、同地に滞在した。その後のペルシアによるエジプト支配の基盤を整える目的だったが、それは同時に本国ペルシアにおける王不在の政治的空白を生み出すことにもなった。カンビュセスはエジプトを離れた直後の前五二二年に亡くなっており、死因は事故死とも自殺とも言われるが、真相は謎に包まれている。カンビュセスの死はつぎの王ダレイオスの登位とも関連するため、詳しくは次章で扱いたい。墓は父キュロスと同じくパサルガダイに築かれたものと推測されるが、現存遺構のどれがそれに当たるかは確定していない。王位にあること八年であった。

第3章　帝国の完成者
——ダレイオス一世

ダレイオス立つ

キュロス・カンビュセス親子による軍事活動によって、「アケメネス朝ペルシア帝国」の外枠は作られた。しかし、この国家に真に帝国と呼べるような制度を作り上げたのは、ダレイオス一世である。ダレイオス一世は、教科書や通常の事典類では、アケメネス朝第三代目の王と書かれる。しかし不思議なことに、数え方次第では四代目となるし、はたまた彼を初代の王と見なす研究者もいる。このような混乱は、ひとえにダレイオス即位の背景が謎に包まれており、現代の研究者たちにさまざまな解釈の余地が残されていることに起因する。カンビュセスが亡くなり、ダレイオスが王となった前五二二年、ペルシアでは何が起こったのだろうか。また、彼が王となることによって、アケメネス朝ペルシア帝国はどのような完成を見たのだろうか。

ダレイオス即位を語る史料

ダレイオスがペルシア王に就くまでの経緯には、不明な点が多い。しかし、それは古代史にありがちな、史料の欠如に起因する問題ではない。否むしろ、ダレイオスの即位については、書かれた時代や系統の異なる複数の史料が伝わっており、一見すると歴史家にとって理想的な史料状況ともいえる。しかもこれらの史料が奇妙な一致を見せ、それでいて釈然としないところが多々残るのである。とはいえ、やはりまずは、史料を相互に検証していくことを出発点に据えたい。

本章ではおもに、「ベヒストゥーン碑文」、ヘロドトス『歴史』、クテシアス『ペルシア史』の三つの史料を用いる。後二者は「序章」で紹介済みで、「ベヒストゥーン碑文」についても詳しくは後述するつもりなので、ここでは概要だけを簡単に述べておく。この三つのうちもっとも古い史料となる「ベヒストゥーン碑文」は、ダレイオスが即位後にベヒストゥーン山の磨崖壁に刻ませた、自身の業績録である。したがって、この碑文はダレイオス即位事件の真相を知る者による生の記録とも呼びうる、第一級の史料になる。しかし、このことはまた別の問題を引き起こす。なぜならば、事件の筆頭当事者（ダレイオス）はまた同時に、この事件で最大の利益（王位）を得た者でもあるがゆえに、彼の残した記録には、自身にとって不都合な情報は意図的に伏せられていると予想されるからである。

即位以前のダレイオス

即位前のダレイオスについて知られるところは、わずかしかない。生まれは前五五〇年頃、すなわちキュロスがメディア「王国」を倒し、新国家を建てたのと同時期だった。父はヒュスタスペス。母は、ペルセポリス出土の文書に登場するイダルバマという女性が、近年有力視されている。ヘロドトスの『歴史』によると、キュロスの治世には、彼はまだ出陣できる年齢に達していなかったため、キュロスによる一連の軍事遠征には参加しなかったという。父親のヒュスタスペスはキュロスによる最後の遠征に参加し、息子ダレイオスについてキュロスとも会話を交わしたと伝えられる。

ダレイオスの初陣は、カンビュセスによるエジプト遠征だった。このときダレイオスは実戦経験がほとんどなかったはずである。それにもかかわらず、ヘロドトスによればカンビュセスの槍《やり》持ち（親衛隊）として従軍していたとのことなので、かなり立派な家柄だったと推知される。ただし、これら即位前のダレイオスの情報はすべて、やがて彼がペルシア王になることを予見させる脈絡で語られており、史実としての信憑《しんぴょう》性《せい》の点で大いに疑問が残る。

カンビュセスの弟と僭称王

つぎにダレイオスの足跡をたどれるのは、彼がカンビュセスの跡を継いで、いざペルシア王の位に上らんとするときである。この事件を記す「ベヒストゥーン碑文」、ヘロドトス『歴史』、クテシアス『ペルシア史』は、作成年代や視点が異なり、当然その内容も齟齬《そご》を見せるわけだが、じつは大枠のプロットでは一致している。そこで、まずは大筋の部分を拾い出したい。

カンビュセスには弟がいた。彼は「ベヒストゥーン碑文」ではバルディヤ、ヘロドトス『歴史』によればスメルディス、クテシアス『ペルシア史』だとタニュオクサルケスという名であった。このように史料では、弟の名が統一されていないため、以下では仮にXと呼ぶことにする。カンビュセスとXのあいだの兄弟仲はよくなく、とりわけ兄カンビュセスはXがいずれ自身の王位を脅かしかねない存在だと危険視し、彼を秘密裡《り》に始末した。すると、祭司Y（彼の名も史料間で異なっている）があらわれ、亡きXになりすまし、さらにカンビュセスが不慮の死をとげたのちには、Yは王弟Xの名で、王としての統治を始める。やがてYが王の名を騙《かた》る偽者だと気づいたダレイオスほか六人のペルシア人貴族らは、一致協力しYを誅殺《ちゅうさつ》し、その後ダレイオスが新しい王に選出されたのだという。祭司Yを僭称王《せんしょうおう》としてノー・カウントにすれば、ダレイオスはキュロス、カンビュセスに次ぐ、第三代ペルシア大王となる。

このシナリオは説話としてはおもしろくとも、すべてを合理的に受け入れることは難しい。とりわけ、赤の他人である祭司Yが、王族の一員になりすましたとして、周囲に気づかれないままに統治するなどということが、はたして可能だったのだろうか。ヘロドトスやクテシアスらはXとYの容姿が酷似しており、さらにYは人前に姿を見せることを極力避けたと述べ、この不自然さを取り除こうと努力しているが、それにしても限界があっただろう。この不自然さに目をつけて、そもそも僭称王Yなど存在しなかったのだ、と推理する研究者らがいる。彼らの説によれば、ダレイオスの即位に至る経過はつぎのようになる。

カンビュセスには弟Xがいた。カンビュセスがエジプト遠征で本国を不在にしたすきに、王位継承候補の弟Xが国内の反カンビュセス派をまとめあげ、実権を握った（その後カンビュセスの死亡によって――これを伝える「ベヒストゥーン碑文」のペルシア語は解釈が難しく、カンビュセスは自殺とも事故死とも殺害されたとも推測されている――、正式に第三代ペルシア王に就任）。しかし、波瀾含みのままに即位した新王の脆《もろ》さを見逃さない者がいた。ペルシア人有力貴族のダレイオスは仲間と結託し、若きXを攻撃し、その位を奪った。すなわち、真の簒奪王はダレイオスだったのである。ダレイオスは新たなペルシア王として即位できたとしても、やはり帝国の創始者キュロスの血を引く正統な王を殺してしまったことは、具合が悪い。そこで、王弟Xを殺した真犯人はカンビュセスであって、自身は僭称王Yを誅殺したにすぎないというストーリーを創り出したのである、と。

やはり偽者は存在した?

対照的に、王弟Xの名を騙る人物が実在したと見る研究者もいる。系統の異なる史料がいずれも王位僭称者Yの存在に言及している以上、その存在を安易に削除すべきではないとする立場である。彼らの説によれば、僭称王Yは、じつはXの「代理王」だったのではないかということになる。

ここでいう「代理王」とは、ペルシアに先行するアッシリアやバビロニアからの伝統に見られる儀礼的な王で、つぎのような役割を担っている。もし王に凶兆を示す前触れが確認された場合、王はその来るべき凶事をかわすために、自身の身代わりとなる人物を立てる。「代理王」に選ばれた人物は、王と同じ衣装を身にまとい、玉座に座り、王の食事をとり、王の寝床で寝るなど、本物の王かのごとく振る舞い、一方その間、王自身は凶事が降りかからないように隠れて生活する。予示されていた凶兆が「代理王」のもとに降り注いだと見なされると、「代理王」の役目は終わり、本物の王が職務に復帰する。

ペルシア帝国でも「代理王」の儀式が受け継がれていたことは、ギリシア語文献史料から窺える。ヘロドトス『歴史』では、ダレイオスの子クセルクセスが同じ悪夢に二度うなされたとき、彼は叔父のアルタバノスに自身と同じ格好をして、王として振る舞うように命じたという。また、アレクサンドロスがバビロンで熱病に倒れ、死の淵《ふち》をさまよっていたときには、ある身分の卑《いや》しい人物が玉座に座った。ペルシアの宦官たちは「ペルシアの掟《おきて》にしばられて」彼の着座を止めなかったというエピソードが、アリアノス『アレクサンドロス大王東征記』に伝えられている。

祭司Yが王弟Xの「代理王」だったと仮定するならば、彼の存在に周囲が不信感を抱くことなく統治できたことにも、納得がいくであろう。そもそも周囲の者たちは、彼が偽者だと承知のうえで受け入れていたはずである。また、ヘロドトスの『歴史』によれば、王弟Xと祭司Yはたまたま同じ名前を持っていたという。これについても、YがXの「代理王」として立ったのにあわせて王弟の名も名乗るようになったと解釈すれば、偶然の一致ではなく、作為による必然だったと解釈できる。しかし、それならば本物の王弟Xはどこへ消えてしまったのかという、新たな問題が浮上してしまう。やはり何者かに殺されてしまったのか、あるいは事件性のない死を迎えたのか――「代理王」は病など、将来の不安が予期されるときに立てられたはずであった――。けっきょく真相は藪《やぶ》のなかである。

新王ダレイオスによる諸反乱の鎮圧

七人のペルシア青年貴族が協力し、王弟Xあるいは僭称王／「代理王」Yを排除したのち、仲間のなかからダレイオスが新しい王として選出された。前五二二年九月の出来事である。

新王となったダレイオスはしかし、すぐに安定した政権を築けたわけではない。カンビュセスの死後、帝国各地では在地の有力者たちが独立しており、ダレイオスは彼らの「反乱」運動も鎮圧していかなければならなかった。おそらくこの時点では、まだペルシア帝国の支配体制が盤石とはなっておらず、王の一時的な不在によって即座に、帝国に瓦解《がかい》の危機が訪れたのだろう。

ダレイオスは、これらの「反乱者」を次々と制圧していった。いったん帝国に平穏を取り戻したダレイオスは、一連の経過を公的に記録し、みずからの行動を正当化した。これがベヒストゥーン山の磨崖壁に刻まれた碑文である。

「ベヒストゥーン碑文」は、文字テクストと図像レリーフの二つの要素から構成されている。図像レリーフの中央を占めるのは、有翼円盤人物像である（この像の考察は、後述する）。碑文の主役であるダレイオスは、この有翼円盤人物像を仰ぎ見るような位置に立って、右手を軽く掲げ、有翼円盤に敬意を表する姿で描かれている。ダレイオスの背後には、それぞれ弓と槍を持った二人の兵士が王を警護し、王の正面には彼によって鎮圧された九人の反乱者たちが後ろ手に縛られ、首に縄をつながれた姿で御前に引き出されている。そして、ダレイオスの足元には、王位を僭称した祭司Y（碑文ではガウマータの名前で言及される）があおむけになり、ダレイオスの左足で踏みつけられている（3－1）。

レリーフが描かれていないスペースには、人物像を取り囲むようにして、文字テクストが配置されている。これらのテクストは、古代ペルシア語、エラム語、アッカド語（バビロニア方言）という三種類の言語でダレイオスの功績をつづり、先述のとおり、その内容はダレイオスの即位という謎に包まれた事件の「公式見解」となっている。しかしながら、「ベヒストゥーン碑文」は地上六六メートルの高さに彫られており、崖の下からは文字を読み取れず、図像もその威容を感じられたとしても、細部までは観察できない。テクストの部分は碑文とは別に、複数の言語に翻訳され、諸国に配布されたので、人々はこちらを通してダレイオスのメッセージを受け取ったはずである。モニュメントとして見た場合、「ベヒストゥーン碑文」の対象は、地上を這《は》う人間のみならず、天空に住まう神をも想定していたと想像されるのである。

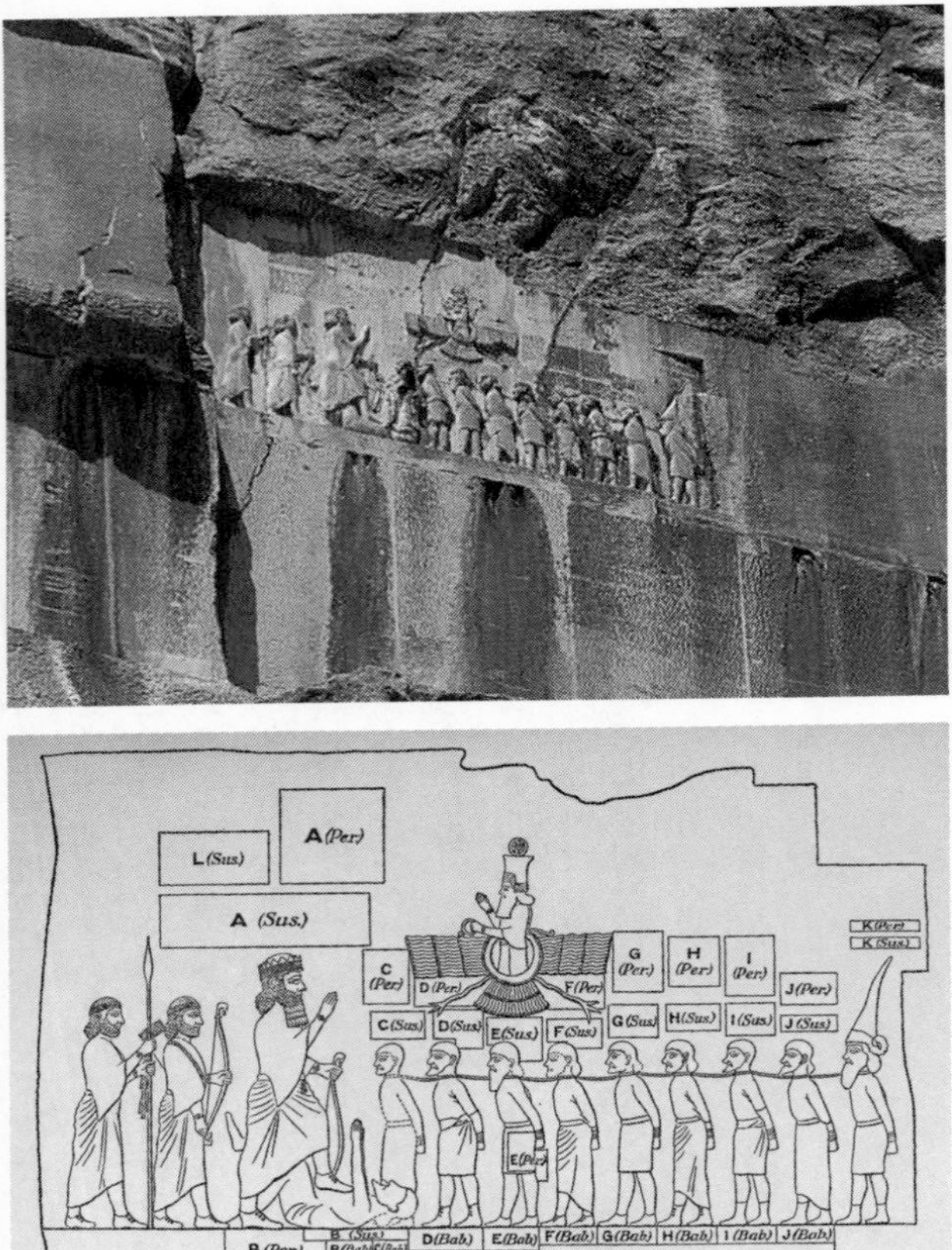

3 - 1　「ベヒストゥーン碑文」 写真（上）／スケッチ（下）

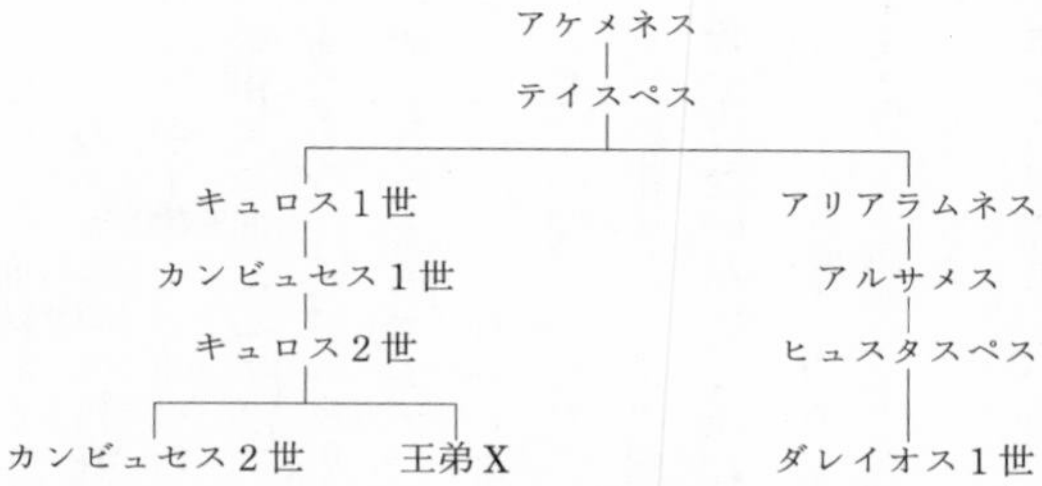

3-2　「ベヒストゥーン碑文」から復元されるアケメネス家系図

「アケメネス家」の創出

帝国の創始者であるキュロス・カンビュセス親子とダレイオスとは、直系の親族関係にない。「ベヒストゥーン碑文」が語る家系図をたどれば、ダレイオスの父親はヒュスタスペスという人物で、ヒュスタスペスからさかのぼること三代前にテイスペス、四代前に一族の祖であるアケメネスが登場する。このアケメネス家からは、二系統に分かれて王が輩出したという。テイスペスはキュロス二世の曽祖父でもあることから、彼の子の代でアケメネス一族が分家して、一方がキュロスに、他方がダレイオスにつながる家系となったと理解される。手短に述べると、ダレイオスはキュロス・カンビュセス一族の傍系親族にあたり、両者はいずれもアケメネスの創始した氏族にふくまれるのだという（3-2）。「ベヒストゥーン碑文」を信じるならば、キュロス・カンビュセスの裔《すえ》が不幸にして途絶えたいま、同族のアケメネス家のなかでも傑出したダレイオスが跡を継ぐことには、血統的な正当性が認められるのだ。

ところがキュロス自身が作成した碑文では、キュロスはカンビュセスの息子にして、テイスペスの子孫だと述べられているだけで、アケメネスの名や、テイスペスの子でダレイオスの曽祖父にあたるアリアラムネスの名は登場していない。キュロスが自身はアケメネス家の人間であると述べる碑文も発見されているが、これらもじつはダレイオス時代に入ってから作成されたものである。アケメネスという名の始祖は、ダレイオスの「ベヒストゥーン碑文」ではじめて登場した伝説的な人物で、キュロスやカンビュセスの時代にはそもそも「実在」していなかったのではないか。すなわち、アケメネスとは、ダレイオスがみずからをキュロスの親族として位置づけ、自身の王位の正統性を主張するために創造された「架空」の人物ではないか、と怪しまれても仕方がないのである。

以上のように、王朝の名祖であるアケメネスがダレイオス一世の時代から登場してきたこともあり、「アケメネス朝」という名称は、ダレイオス以降のペルシア帝国にかぎって使用すべきで、キュロス・カンビュセスの帝国とダレイオスの帝国を分けて考えるほうがよいと主張する研究者もいる。この立場を厳格に守れば、ダレイオス一世は「アケメネス朝」ペルシア帝国初代の王になる（アケメネス朝からとくに区別してキュロス・カンビュセスの国家を指す場合には、「テイスペス朝」という呼称が用いられる）。さらにラディカルな説では、キュロスの帝国はティスペス朝のエラム系国家であって、アケメネス家のペルシア人であるダレイオスはそれを乗っ取ったのだという。

その一方で、やはりアケメネス家は実在したと考える研究者もいる。すなわち、アケメネス家が二分したのち、ティスペスを祖と見なす集団がパールサ（ペルシス）地方の西部に入って「アンシャンの王」（キュロスの祖）となり、ダレイオスの先祖集団はパールサ地方のそれ以外の地域を拠点にしたという解釈も、史料上は不可能ではない。アケメネス朝ペルシア史は、ことキュロスが絡むと、何が正解なのかわからなくなるのである。

ダレイオスがペルシア王に即位したさい、血統の面からは、彼には王位の正当性がなかったか、あるいはかなり薄弱であった。しかしダレイオスは即位後、婚姻をとおしてキュロスとより直接的に結びついていく。ダレイオスはキュロスの二人の娘――アトッサとアルテュストネ――、王弟Xの娘パルミュスといった、キュロスと血のつながりのある女性たちをことごとく娶《めと》り、自身の王権を血統の面から正当化していった。それと同時に、協力して僭称王Yを打ち倒したペルシア人貴族仲間からも娘を娶り、また自身の姉妹や娘を彼らに与えた。このように婚姻のネットワークを張りめぐらせることで、ダレイオスは自身の王権を盤石なものへと仕立て上げていった。

ペルシア王の世界観

「ベヒストゥーン碑文」はダレイオスの政権獲得という政治的なプロセスだけではなく、さまざまな読み方が可能な、奥行きのあるテクストである。たとえば、そこからはペルシア大王が世界をどのようなものとしてとらえていたのか、その世界観の一端にも触れられる。「ベヒストゥーン碑文」では、「真」と「偽」という言葉が対照的に使われる。いわく、カンビュセスがエジプトに発《た》ったのち、ペルシア各地には「偽」が蔓延《まんえん》し、「偽」によって反乱者らが登場した。そこに、アフラマズダによって選ばれたダレイオスが「真」を実行し、反乱を鎮圧し、「偽」者ではないことが証明された。このように、ペルシア大王の認識する世界では「真」と「偽」が対立しており、ペルシア大王はアフラマズダから地上の統治をゆだねられた者として、世にはびこる「偽」を取り除くという責務を負っていた。

そしてこの「真」と「偽」は、ペルシア大王の地理認識のなかで、中心と周縁の関係にもあった。ペルシア大王が作成する碑文にはしばしば、王が統治する土地の一覧表が付されているが、そこではつねにペルシアとその近隣地域を筆頭として、それ以外の諸国がそれぞれの方角ごとに、ペルシアに近い地域から遠い地域へと順に並べられている。これはすなわち、ペルシア大王＝「真」の統治が放射線状におよんでいく様子をあらわしているのだろう。かたや、碑文の文言から察するに、ダレイオスはこの世界が広大無辺なることも承知していた。

したがって、彼の統治のおよばない先には、まだ「偽」のままの世界がイメージされており、神の代行者たるペルシア王として、そのような地域を教導しなければならなかったはずである。「真」と「偽」が対立し、「偽」への勝利によって「真」が立証される――このような二元論的な世界観のもと、ダレイオスはアフラマズダから託された地上世界の統治という重責をまっとうすべく邁進《まいしん》していくのである。

ダレイオスはゾロアスター教徒だったのか？

かつてアケメネス朝ペルシア史の概説書では、しばしばペルシア大王らがゾロアスター教を信仰し、それが帝国のオフィシャルな宗教になったとの説明がなされることがあった。ゾロアスター教とは、ゾロアスターを開祖とする、古代ペルシア（すなわち、イスラーム化する以前のイラン）の伝統的な宗教である。その特徴を端的にまとめると、アフラマズダを主神とし、この世を善神アフラマズダと悪神アンラ・マンユ（アーリマン）の闘争の場ととらえ、火を神聖視するというものであった。七世紀のサーサーン朝ペルシア滅亡とともに同地域がイスラーム化していくと、一部のゾロアスター教徒はインドの西海岸へと避難し、それまでの信仰を保持した。彼らはペルシア人を意味するパールスィーと呼ばれ、現在でもインドが世界最大のゾロアスター教徒人口を抱える。

「ベヒストゥーン碑文」のテクストを一読すれば誰しもが気づくが、そこでは「王ダレイオスは告げる、アフラマズダの御意によって余は王である。アフラマズダは王国を余に授け給うた」に始まり、アフラマズダの名が辟易《へきえき》するくらいに（その数じつに七六回！）、くり返し登場する。また「ベヒストゥーン碑文」では、ダレイオス自身はアフラマズダから王国の統治をゆだねられたとする一方で、「偽」が諸王をしてダレイオスから離反させたと、「真」と「偽」の対立という二元論で世界が語られている。

悪神アンラ・マンユの名はペルシア王の作成した碑文には登場しないが、ギリシアの哲学者アリストテレスの著作では、「〔ペルシアの祭司によれば〕善き霊（ダイモーン）と悪しき霊との二つの原理があって、前者はゼウスないしオロマスデスと呼ばれ、後者はハデスないしアレイマニオスと呼ばれていた」と解説されている。引用文中のオロマスデスがアフラマズダ、アレイマニオスがアンラ・マンユのギリシア語による言い換えなのは明らかだろう。アリストテレスは前四世紀中頃から後半に活躍した人物で、まさしくアケメネス朝ペルシアの同時代人だった。アリストテレスがこのような記述を残している背景にはやはり、彼の同時代のペルシア人が善悪の二神論的な世界観を共有していたと推測するのが自然である。

さらに、火の神聖視については、帝国各所から数基の火祭壇と思《おぼ》しき遺構が出土している。これらの火祭壇が実際どのように使用されていたかは、図像資料から見て取れる。とりわけ、後述するダレイオスの墓廟のファサード彫刻で、起立するダレイオスとむかい合って、燃え盛る火の祭壇が置かれている事実は、彼自身が火祭壇を用いた祭儀にコミットしていたことを窺わせるのである（一一三頁の図版を参照）。以上を踏まえると、ペルシア王（少なくともダレイオス一世）がゾロアスター教徒であったことは、疑う余地もないように思われる。

しかし、話はそう一筋縄にはいかない。まずは、ゾロアスター教の開祖ゾロアスターが、雲か煙のごとく捉えどころのない人物であったという問題がある。彼の生存年代はまったくの不明で、前二〇〇〇年紀の前半から前六世紀頃までと幅広く唱えられており、いまだ定説を見ない。前五世紀から前四世紀に活躍したギリシア語作家たちはすでにゾロアスターの名を知っており、とりわけプラトンはペルシア王家の子弟がゾロアスターの教えを教授されたと説く。彼らの情報源をたどれば同時代のペルシア人に行きつくのが、自然な推測として成り立つ。それとは対照的に、ペルシア王の作成した碑文にはゾロアスターの名が一度たりとも登場しない。したがって、ダレイオス自身がゾロアスターの教えに接していた可能性は否定されないものの、史料から直接証明することもまた難しい。

さらに注意を要するのが、ゾロアスターの教えとゾロアスター教がどの程度一致していたのか、という第二の問題である。先ほども述べたように、ゾロアスターはもし実在したならば、前六世紀以前の人物である。一方で、今日のわれわれが持つ古代ゾロアスター教の知識は、四世紀以降のサーサーン朝ペルシア時代に結集された経典『アヴェスター』や注釈書『ザンド』に由来する。すなわち、開祖ゾロアスターの時代とゾロアスター教が確立した時代はじつに一〇〇〇年の開きがあり、アケメネス朝はこの「ブラック・ボックス」の時代にあたる。この間にはむろん、教義や儀礼上のさまざまな変化が生じたであろうが、それらをたどることはすでに不可能となってしまっている。

したがって、ペルシア王はゾロアスター教徒であり、ペルシア帝国のオフィシャルな宗教はゾロアスター教だったと述べることは、あながち間違いではないにしても、その場合のゾロアスター教はわれわれの知りうるそれとは異なっていたはずだと、わざわざ但し書きを付さなければならない。より慎重な論者になると、ゾロアスター教に代わって「マズダ崇拝」という語を用いたり、さらには「ペルシア王が信仰した宗教」といった表現を好むのも当然のことであろう。

有翼円盤人物像の謎

「ベヒストゥーン碑文」の中央を占めるのは、浮遊する有翼円盤人物像である。この有翼円盤人物像は「普通の人間」ならぬ、何らかの神的な存在を表していることに、おそらく異論はなかろう。しかしながら、それではいったいこの像は何者だったのかという議論になると、そこにはさまざまな説が百出している。そこで、ダレイオス一世の信仰ともかかわる、有翼円盤人物像の同定問題を取り上げたい。

有翼円盤人物像の本命は、アフラマズダである。「ベヒストゥーン碑文」では、アフラマズダは唯一名指しで、しかもくり返し言及される神である。「ベヒストゥーン碑文」のテクストとレリーフを同時に眺めるならば、有翼円盤人物像がアフラマズダを表現していると理解するのが、もっとも自然な解釈であろう。

しかし、これにたいする反論は、まずパールスィー（インドに移住したゾロアスター教徒の末裔《まつえい》）の学者から出された。それによれば、厳格なゾロアスター教徒ならば神の肖像は作らないはずで、したがって有翼円盤人物像はアフラマズダではありえず、それは王の「フラワシ（霊）」なのだという。いいや、それは「フラワシ」ではなく、王の「フワルナ」が人格化されたものなのだという説も出されている。「フワルナ」というのは『アヴェスター』に登場する概念で、「栄光」という意味になる。なお、ヘロドトスもペルシア人は偶像（アガルマ）を作らず、それは彼らがギリシア人のように、神が人間と同じ性質を持っているとは考えなかったからだろうと述べている。

「フラワシ」、「フワルナ」両説の問題点は明らかだろう。アケメネス朝ペルシアの王を厳格なゾロアスター教徒と理解すること、『アヴェスター』の概念をアケメネス朝にさかのぼって適用することの困難は、すでに述べた。また、ヘロドトスの情報についても、彼がペルシア人は作らないと述べている「アガルマ」は、第一義的には三次元の彫像であって、二次元のレリーフにまで規制がおよんでいたかどうかは定かでない。「フラワシ」、「フワルナ」に続くさらなる新しい解釈として、有翼円盤人物像は「キティン」の人格化なのだという説がある。「キティン」というのはエラム語にあらわれる概念で——したがって「フラワシ」、「フワルナ」説のような、後の時代からの遡及《そきゅう》的な議論とは一線を画す——、神から地上の支配者たる王に与えられた「庇護」を指す。

同定問題をいったん脇に置くと、有翼円盤人物像の描写が新アッシリア時代の図像表現から借り受けたものである点は、衆目の一致するところである。翼の生えた円盤（日輪）というモチーフはエジプトやメソポタミアでペルシア以前から好まれていたが、新アッシリア時代に国家の主神アッシュルか、もしくは太陽神シャマシュを表象していたと考えられている（残念ながら、新アッシリアの図像解釈でも、完全な意見の一致は見ていない）。しかし、より重要なのは、新アッシリアでは有翼日輪／有翼円盤人物像の描写が王権と深く結びついていたとの指摘であろう。

ダレイオスのレリーフでも、有翼円盤人物像はダレイオスにむかって左手に握った輪を提示しており、碑文のテクストとあわせると、王権授与の場面と解釈できる。では、それを授けているのは誰なのかという問題に立ち返ると、「キティン」説を提唱したガリソンという研究者は、有翼円盤人物像を一人の神に特定する必要はなく、多様な解釈を許していることこそが重要なのだと主張する。

じつは「ベヒストゥーン碑文」で具体的に名前があげられている神はアフラマズダのみだが、アフラマズダとともに「臨在しますその他の神々」という表現が二度用いられている。さらに、ペルセポリス出土の「城砦文書」には、アフラマズダをふくめ、じつに一九柱もの神々の名が登場しており、しかもそのうちもっとも言及頻度が多いのはフンバンというエラムの男神である（アフラマズダは一〇回で次点）。ペルセポリス一帯は、「ベヒストゥーン碑文」から想起されるように、アフラマズダが一神教のごとく崇《あが》められていたわけではなく、多様な神々にたいする信仰にあふれていた。そして、ダレイオスのレリーフを見た者は、有翼円盤人物像に各自にとっての主神を当てはめ、ダレイオスへの王権授与を理解することが求められたのだろう。

ダレイオスの国内整備

ペルシア人は歴代の王を評して、キュロスが父であったのにたいし、ダレイオスは商売人であったと、その実務家的な手腕を高く見たという。その筆頭にくるのは行財政改革で、へロドトスは『歴史』第三巻で、「ダレイオスはペルシア本国にて以上のことをした後、ペルシア人のいわゆるサトラペイアなる、二十の行政区を制定した。行政区の制定と、その総督の任命後、民族別にその納税額を定めた」と記す。一読したかぎりでは、この一節は異論をはさむ余地など与えないほどに明瞭である。すなわち、ダレイオスは「総督の管轄する行財政区」制度（サトラプ制）をゼロから作り上げたのである、と。

しかし、このように解釈した場合、ヘロドトスの記述はテクスト内で矛盾を見せる。彼は同じ『歴史』第三巻の別の箇所で、「キュロスによってサルデイスの総督に任ぜられていたオロイテスなるペルシア人」に言及しており、すでにサトラプ制がダレイオスに先行して存在したことを示唆する。また「ベヒストゥーン碑文」でも、各地の反乱者はまず、その地の総督と戦っており、これらの総督はカンビュセスの治世に任命された者たちだと推測されるのである。このような記述から、おそらくダレイオスはキュロス・カンビュセスの創始した制度を改良、再整備して完成させたと理解される。

サトラプ制の全体像は、いまだに明確とはなっていない。ペルシア帝国の「総督（サトラプ）」という称号は、ギリシア語の「サトラペス」に由来し、さらにこの語は古代ペルシア語の ***xsaça-pā-van*** をギリシア語風に表記した語である。***xsaça-pā-van*** とは、「王権、王国（*xsaça*）」を「保護する（*pā*）者」という意味である。ところが、***xsaça-pā-van*** という語は古代ペルシア語の碑文で二回しか用例を見出せず、しかも帝国全土に配備された知事制度を指す語としては使用されていない。サトラプが管轄する行政区(サトラペイア)についても、史料間で揺らぎ、帝国全土がどのように分割されていたのかは不明である。おそらく時代によって区割りは変化していっただろうし、行政区は域内になかば独立した「自治区」も抱えていたと推測される。サトラプの職掌について体系的に述べてくれる史料はないが、個別事例から総合するに、徴税、軍事、外交などあらゆる方面で権限をゆだねられ、地方におけるペルシア大王の分身としての役割を期待されていた。

帝国の大動脈

キュロス、カンビュセスらによって獲得された広大な国土を効率的に統治するためには、交通インフラの整備が不可欠だった。ヘロドトスはこの交通インフラを「王の道」と呼び、詳細を紹介している。それによれば、アナトリアの総督区首都サルディスから帝都スサまでの「王の道」は、全長約二四〇〇キロメートルあり、二〇から三〇キロメートルごとに宿泊施設を備えた宿駅が一一一箇所に設置された。また、そのあいだには、橋が架けられておらず、船で渡らなければならない川もあり、渡河地点や地方の境界などの要所には関所や衛兵所も設けられ、交通の管理もおこなわれていたという。ヘロドトスは、ギリシア人が帝都までのぼる行程を紹介するという文脈上、サルディスを起点としたルートのみを紹介しているが、クテシアスはバクトリアやインドなど帝国東方への幹線道路にも言及しており、既存の交通網も活用しながら、帝国を大動脈が貫いていたとわかる。

ヘロドトスによれば、サルディスからスサまでの総距離を移動するには、三ヵ月かかった。これは平時の移動であり、緊急時には情報が各地に配置された急使によって、馬を用いたリレー方式で伝達されていった。ヘロドトスはこの制度をペルシア語で「アンガレイオン」と呼ぶと主張しているが、おそらくはでたらめで、ペルセポリス出土の粘土板では *pirradaziš* と表記されている。これらの粘土板では、「王の道」を移動した使節団が受け取った食糧やその配分、彼らが「旅行証明書」を携行していたことなど、人の往来がミクロに観察される。また、旧約聖書の「エステル記」でも、ユダヤ人の迫害やその取り消しを伝える文書が、急使によって帝国全土にすばやく通達される様子が描かれている。

古代ペルシア文字の考案

ダレイオスの改革手腕は文化面でも見られる。「ベヒストゥーン碑文」や、そのほかペルシア大王の作成した碑文には、エラム語、アッカド語とならんで、古代ペルシア語文が刻まれている。それまでペルシア語はもっぱら話し言葉であって、書き言葉としては、新アッシリア時代から引き続きアラム語も広く通用していた。このような状況下、ダレイオスは話し言葉のペルシア語を表記するために、アケメネス朝独自の文字システムとして楔形《くさびがた》の古代ペルシア文字を考案させたのである。

じつはパサルガダイの王宮跡からは、キュロスの名によって作成された数点の碑文にペルシア文字の使用が確認されている。しかし、この事実は、ペルシア文字の発明がダレイオス以前にさかのぼることを意味しない。これらの碑文はキュロスの名を借用して、ダレイオスが後から作成した碑文なのである。とりわけ、これらの碑文ではキュロスがアケメネス家の一員と名乗っており、ダレイオスが自身の家系とキュロスの血筋を結びつけるために捏造《ねつぞう》した碑文だと推測されている。

古代ペルシア文字は急ごしらえで導入された文字であって、ペルシア王が作成した公的な碑文以外には広く浸透しなかった。アケメネス朝ペルシア帝国の崩壊とともに忘れられていた古代ペルシア文字がふたたび解読されたのは、一九世紀初頭になってからだった。一九世紀なかばには英国人ヘンリー・ローリンソンによって「ベヒストゥーン碑文」が写し取られ、そのペルシア語テクストの翻訳も発表された。なお、ヘンリーの弟のジョージはヘロドトス『歴史』の翻訳で名を知られ、ローリンソン兄弟は二人で古代ペルシア史研究の発展に大きく寄与した。

「造る王」ダレイオスとペルセポリスの建都

キュロス大王がパサルガダイの地に新しい王宮を造ったように、初期のペルシア王は建設事業に積極的だった。その筆頭格がダレイオスで、彼は軍事遠征にさいしボスポラス海峡に船橋を築き、その指揮にあたったギリシア人建築家に莫大な恩賞を与えた。建築家もこれに応《こた》えて、橋の全貌とそれを眺めるダレイオスの姿、そして軍が渡橋する情景を描いた絵を神殿に奉納したと伝えられる。

エジプトでは、ダレイオスはナイル・デルタと紅海を結ぶ運河を完成させている。この運河はもともとサイス朝エジプトの王ネコ二世によって着手されていたものを、ペルシアがエジプトを征服したのち、ダレイオスが引き継ぎ、完成させた事業だった。現在、この工事を記念する石碑が計四枚出土している。

このような「造る王」としてのダレイオスの最高傑作は、ペルセポリスの王宮だろう(3-3)。アケメネス朝ペルシアの首都は、現代国家のそれのように、国内の一都市に定められていたわけではない。季節や嗜好《しこう》にあわせて移動する王と、彼を取り巻く宮廷が滞在した都市が、すなわち首都として機能したのである。キュロスは先行するエラム王国からイラン西部の都スサ、メディア「王国」から高原地帯にある都エクバタナ、新バビロニア王国か

３－３　ペルセポリス

らメソポタミアの都バビロンの三都市を引き継いだほか、パールサ（ペルシス）地方のパサルガダイに新しい王宮を建設した。ダレイオスも同じパールサ地方でペルセポリス王宮群の建設に着手し、孫のアルタクセルクセス一世まで、三代をかけて完成させた。

ペルセポリスとスサには、歴代のペルシア王らによる「造営碑文」が残されている。その碑文中でダレイオスは、首都の王宮を建てるにあたって、帝国中から資材と人材が調達された様子を詳細に記している。かつてこれらの文言は、いまだ技術的に後進地域だったペルシアが大型建造物を建てるにさいし、被支配地域にある多くの「進歩した文明」の力に頼らざるをえなかったと、否定的な解釈がなされることもあった。しかし現在では、あえてすべての支配地域から資材と人材を徴用することには、帝国の広大さや帝国臣民の多様性を有機的、視覚的に表現する目的があったと、支配の戦略性が肯定的に評価されるように変わった。

不思議なことに、ヘロドトスをはじめ同時代のギリシア人がペルセポリスの王宮に言及することはなく、彼らにとって帝国第一の首都はスサであった。このことから、首都としてのペルセポリスの機能については、宗教祭儀のための都や行政・経済活動の中心地、あるいは王権の可視化が目的であったなどと、多くの議論がなされている。なお、詳しくは第7章で述べるが、ペルセポリスの王宮はマケドニア王アレクサンドロスの遠征軍がこの地に冬営したさいに放火され、崩れ落ちた。

「征服する王」ダレイオス

ダレイオスに先行する、キュロス・カンビュセスという二人のペルシア王はともに積極的な対外遠征をおこない、その結果ペルシア帝国はイラン高原から発し、メソポタミア、アナトリア、エジプトを版図にふくむ、広大な国家へと成長した。ダレイオスもこの二人から「征服する王」という姿を引き継いだ。彼は国内の諸反乱を平定したのち、東西南北のいずれの方角にも軍隊を派遣し、ペルシア帝国はさらなる拡張を見せた(3-4)。

まず、帝国の東方にたいしては、インドへ軍隊を派遣した。ここでいう「インド」とは今

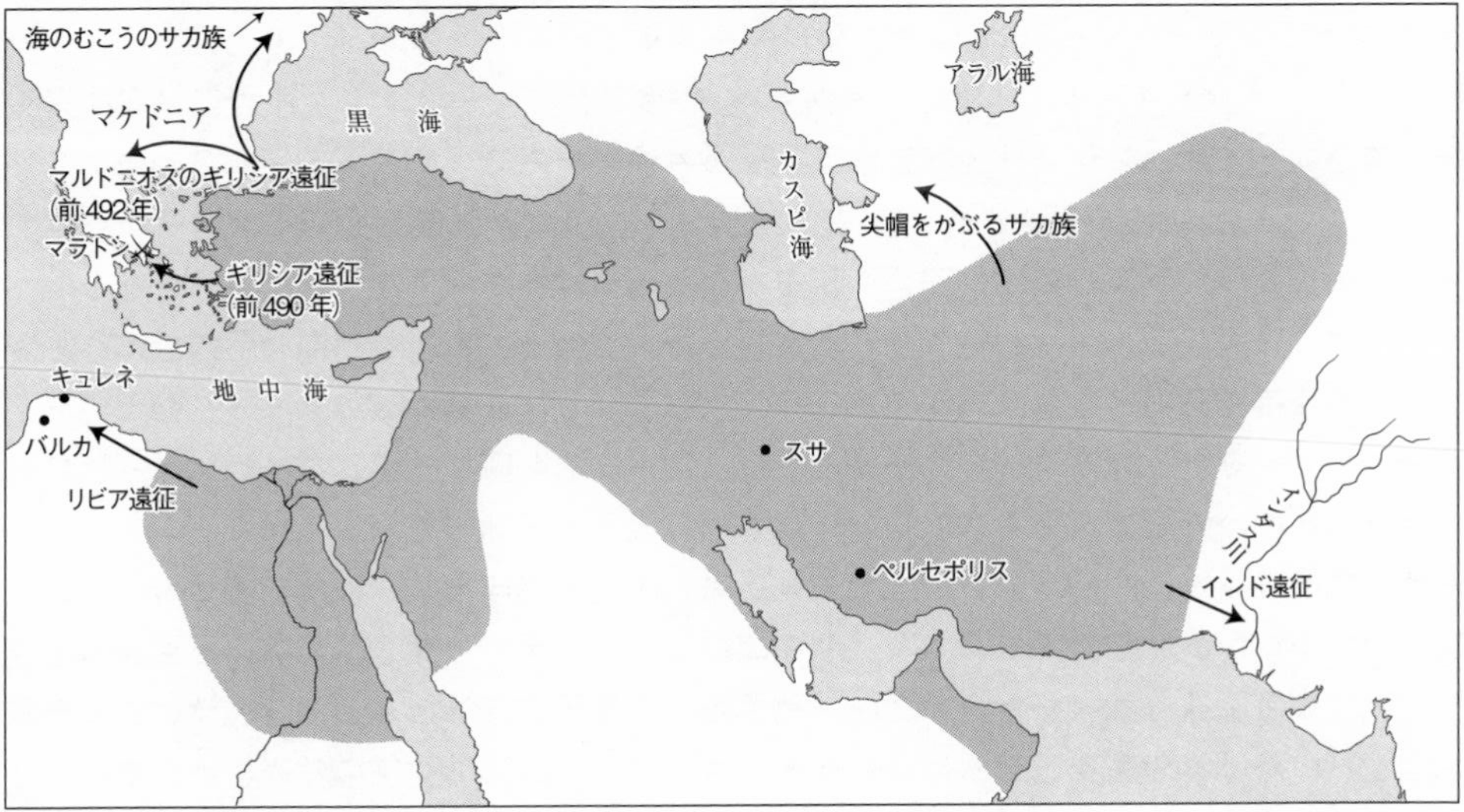

3 - 4　ダレイオスの対外遠征

日のインド（インド亜大陸）ではなく、インダス川流域、すなわち現在のパキスタンあたりを指す。インド遠征に先立っては、アナトリア南西部の都市カリュアンダ出身のスキュラクスを隊員にくわえた探検隊が派遣されており、そのような事前の準備が功を奏して、征服に無事成功した。スキュラクスは帰国後に『周航記』というギリシア語の作品を著し、これによって未知の世界であったインドにかんする情報が、ギリシア人に伝わるところとなった。

ペルシア帝国によるインド征服は、その後のヨーロッパの知的文化に大きな影響をおよぼしていく。インドがペルシア帝国の一部になったことは、ペルシア帝国を介して、ギリシア人らがインドの文物に触れる機会が生まれたことを意味した。ただし、スキュラクスをのぞいて、実際にインドの地を踏んだギリシア人はほぼ皆無で、ペルシア帝国を仲介するというきわめて間接的な経路ゆえに、ギリシア人のインドにたいするイメージは肥大化していった。

このようなインドにたいするギリシア人たちのあふれ出す想像力は、クテシアスの『インド誌』と題される作品に頂点を見る。クテシアスは、『インド誌』の記述がペルシア宮廷における自身の見聞体験にもとづくと主張するが、同書にはオナガザルやオウム目《もく》の鳥などの珍獣だけではなく、ユニコーン（一角驢馬《ろば》）やマルティコラス（ライオンとサソリの合成獣）といった幻獣、そして犬頭人《けんとうじん》やピュグマイオイ（身長が六〇センチメートルぐらいしかなく、戦闘能力が異常に高い民族）といった奇態な人々が雑多に、しかしそれでいて調和的に暮らすという、とても実在するとは思えない世界が展開している。このような摩訶《まか》不思議なインドのイメージは、その後プリニウス『博物誌』などのローマ時代の作品を介して、中世ヨーロッパへと引き継がれていった。

また南西では、リビアに遠征がなされた。リビア東部の地中海沿岸に築かれたギリシア系植民都市キュレネおよびバルカは、カンビュセスの代にエジプトがペルシアに征服されたさい、自主的に降伏、貢納したことで、ペルシア帝国の庇護のもとで自治が享受できていた。しかし、ダレイオスの代になって同地で内紛が起こると、旧体制派のキュレネ女王ペレティマは、ペルシア帝国に介入を求めた。この機会に乗じ、エジプト総督アリュアンデスの命によってペルシア軍が派遣されると、内紛は鎮圧され、同地にたいする帝国の直接的な支配が強まった。また、このさいペルシア軍はさらに西進し、現在のベンガジ（リビア北東に位置する港湾都市）あたりまで到達している。インド、リビアへの遠征はともに、前五一〇年代の出来事だったと推定されている。

北方遊牧民にたいする遠征

帝国の北方では、広く中央アジアの草原地帯で活動していたイラン系遊牧民族にたいして、二度にわたる遠征がおこなわれた。この遊牧民は、ペルシア語史料ではサカの名で登場し、ギリシア語史料では、ペルシア語の呼び名に由来するサカイ、もしくはスキタイの名で言及される。また、スキタイの領土のことをスキティアと呼ぶ。

一度目の遠征は、ダレイオス自身が「ベヒストゥーン碑文」にその様子を記録している。ダレイオスは王権を掌握したのち、四年をかけて、国内各地の反乱者を鎮圧した。そして四年目の前五一九年、彼はみずから国外遠征に出、アラル海とカスピ海のあいだに居住する「尖帽《せんぼう》をかぶるサカ族」を征服し、族長のスクンカなる人物をペルシアへと連れ帰ったという。「ベヒストゥーン碑文」のレリーフを見ると、ダレイオスの前に連行される九人の反乱者のうち、一番後ろの人物のみが特徴的な尖帽をかぶり、明らかにほかの八人から区別された姿で描かれている。この人物がサカの族長スクンカである。

じつは、「ベヒストゥーン碑文」が完成した当初、スクンカの人物像は描かれておらず、もともとその場所にはエラム語の碑文が刻まれていた。ダレイオスはわざわざエラム語碑文を別のスペースに刻みなおし、スクンカの姿を付け足したのである。刻みなおしの手間、スクンカが他の反乱者と性格を異にする点（サカ族はカンビュセスからダレイオスへの権力移行期の混乱に乗じて帝国支配から脱したわけではなく、がんらいペルシア支配の圏外にあった）、この遠征がダレイオスによる最初の対外遠征だったことや親征であった点などを考慮すれば、ダレイオスがサカ族討伐に特別な思いを抱いていたことは間違いない。

ダレイオスの心中を言い当てるには史料が不足しているが、じつはペルシア帝国がこの北方遊牧民にたいし遠征したのは、このときが最初ではなかった。ヘロドトス『歴史』やクテシアス『ペルシア史』といったギリシア語史料によれば、初代ペルシア王のキュロスもこの地域の遊牧民を相手に遠征し、そこで戦死したとされる。もしこれが史実ならば、ダレイオスはキュロスのなし遂げられなかったサカ族討伐を誇り、あるいはキュロスの仇討《あだう》ちがなったとのメッセージをわれわれに送っているのかもしれない。

二度目の北方遠征

成功裡に終わった最初の遠征ののち、ダレイオスは再度北方への親征をおこなっている。今度の相手は黒海の北岸に居住する「海のむこうのサカ族」と呼ばれる集団だった。この遠征については、ヘロドトスが『歴史』の第四巻で記述しており、とくに遠征に付随して書かれた遊牧民の風習や文化の詳細な記録は「スキティア誌」と呼ばれ、『歴史』のなかでも独立した一作品のように読まれることがある。

ダレイオスのペルシア軍は帝都スサを進発し、アナトリアを横断し、カルケドン（現イスタンブルのアジア側）領内にあるボスポラス海峡に橋を架けて、アジアからヨーロッパに渡った。このときダレイオスは、現在もイスタンブル観光の人気ツアーである、ボスポラス・

クルーズを楽しんだと伝えられている。ここから本隊は黒海沿いに北上し、イストロス川（現ドナウ川）にも架橋し、スキティア領内に入った。しかし、まともに戦うことなく奥地へ引き上げていく遊牧民特有の後退戦術を前に、ペルシア軍は次第に疲弊していき、大した戦果もあげられないままに、ダレイオスはペルシアへと帰還した。

スキタイ遠征自体は失敗と評価される。しかし、遠征の帰途にヨーロッパに残された将軍メガバゾス麾下《きか》のペルシア軍は、その後バルカン半島南東部のトラキア地方（現在のギリシア北東部とブルガリア）の征服に成功し、さらにギリシア北部のマケドニアにたいし、臣従関係を結ばせた。ここにペルシア帝国は、アジア、アフリカ、ヨーロッパの三大陸にまたがる史上初の世界帝国となった。

対ギリシア遠征（ペルシア戦争）

ダレイオスの治下でもっとも有名な対外遠征は、ギリシア遠征である。この遠征はクセルクセス治下のものとあわせて、一般にペルシア戦争と呼ばれる。「ペルシア戦争（the Persian Wars）」という呼称はギリシア語の表現に由来し、「ペルシアがわれわれに侵攻した戦争」というギリシア視点の用語である。近年ではポリティカル・コレクトネスを重視して、「ギリシア＝ペルシア戦争（the Greco-Persian Wars）」という表記も使われるが、「ペルシア戦争」

のほうが圧倒的に通りがよい。本書も問題含みは承知のうえで、この呼称を用いる。

ヘロドトスの理解によれば、ペルシア戦争の直接的な契機は、イオニア反乱に求められるという。前四九九年、アナトリア西部のギリシア系都市ミレトスの僭主アリスタゴラスは、ペルシア帝国の総督アルタプレネスに持ち掛けた事業が失敗し、彼に莫大な負債をおった。借金返済の目途が立たないアリスタゴラスは、起死回生の一手として、ペルシア帝国に反旗をひるがえした。反乱は連鎖的に拡大していき、すべてが鎮圧されるまでに七年の歳月を要した。反乱当初にはギリシア本土のアテナイとエウボイア島のエレトリアの二都市から、ミレトスに援軍が派遣されていた。派兵自体は継続的な援助ではなく、すぐに引き上げられたが、ダレイオスはこの事実を忘れず、イオニア反乱鎮圧後に、アテナイに報復戦争を仕掛けることに決めた。

前四九二年、ダレイオスは将軍マルドニオスのひきいる軍隊をギリシアに派遣した。マルドニオス軍はエーゲ海北部の海岸線にそって進み、すでにペルシアの勢力圏に入っていたトラキアおよびマケドニアにたいする支配を、より安定的に固めた。この軍隊はギリシア本土に入る前に暴風雨に遭い、またマルドニオス自身も戦傷を負ったために、ペルシアへと引き返した。

マルドニオスによる遠征はおそらく偵察部隊としての意味合いが強く、本格的なギリシア遠征隊はダティスの指揮のもと、前四九〇年にあらためて派遣された。このときペルシア軍は艦隊を組んでエーゲ海を横断し、航路上に位置するナクソス島およびイオニア反乱にも加担したエウボイア島の都市エレトリアを制圧したのち、アテナイと決戦すべくギリシア本土へと上陸した。ペルシア・アテナイの両軍は、アテナイの北東部に広がるマラトン平野で対峙した。この戦いで、重装歩兵による密集戦術を駆使したアテナイ軍がペルシア軍の撃退に成功したことで、ペルシア軍のさらなる軍事活動はくじかれた。

なお、この勝利を一刻も早く市民に伝えるために、マラトンの地からアテナイ市に無休で走り続けた伝令が、勝利の報をもたらしたと同時に息絶えたという故事にならい、近代に入ってから創出された陸上競技がマラソンである。しかし残念ながら、感動的なこのエピソードはローマ時代の文献からのみ確認され、時代的にも近く、とりわけこの手の裏話を好物とするヘロドトスが紹介していないため、おそらくのちの時代に創り出された「都市伝説」だった。

ダレイオスの最期

ダレイオスによる二度のギリシア遠征は、いずれも中途半端なかたちで終わってしまった。この事業を完遂することなく、晩年のダレイオスは、エジプトで発生した反乱の対策に追われるままに亡くなった。前四八六年のこと、六〇余年の人生であった。死因は病気と伝えられる。ダレイオスの遺骸《いがい》は、あらかじめ準備されていた王墓に葬られ、墓守が管理した。

ダレイオスの墓所は、ペルセポリスの北に位置する、「ナクシェ・ロスタム」と呼ばれる岩壁に築かれている。「ナクシェ・ロスタム」という名称は、「ロスタムの絵」という意味で、この場所に描かれていたレリーフが、ペルシア叙事詩の英雄ロスタムを描いたものと誤解されたことに由来する（3－5）。

ダレイオスの墓は、キュロスのものとされる墓とはまったく異なった外観を見せる。まず、

3－5　ナクシェ・ロスタム全景　ダレイオスの墓は左から3番目

3 - 6　**ダレイオスの墓**　スケッチ（左）／写真（右）

External appearance of the Tomb of Darius Hystaspis, at Nakhsh-i-Rustam.

岩壁の表面が十字型に削られ、ファサードを形成する。三段から構成されるファサードの上段には、諸臣民が支える地面のうえに立つ王が、有翼円盤の人物像と挨拶をかわすという構図のレリーフが描かれている。ファサード中段の中央には、水平方向に墓室がうがたれ、墓室入口の左右には碑文が刻まれている（3-6）。クテシアス『ペルシア史』の時系列によれば、ダレイオスは王位を掌握した直後にみずからの墓の造営に取り掛かっており、この事業が王のなかでかなり高い優先順位を占めていたことが窺われる。

第4章　ペルシア戦争と語りなおされるペルシア王
——クセルクセス

後継者争いと新王誕生

前四八六年のダレイオス死去にともないペルシア王位を継いだのは、息子のクセルクセスだった。クセルクセスの名を持つペルシア王はもう一人いるが、クセルクセス二世は非常に短命な王だったために、通常クセルクセスといえば、ダレイオスの後継王を指す。

歴代ペルシア王のなかでも、クセルクセスは後世において頻繁に語りなおされ、それゆえもっとも有名な、否、もっとも悪名高き王として知られる。その一方で、アケメネス朝ペルシア帝国はクセルクセスの治下に最大版図に達しており、近年の研究では、帝国の「完成者」である父王ダレイオスの作り上げた「ペルシア大王」という役回りを見事に演じた人物として再評価が進められている。

前章で述べたように、クセルクセスの父であるダレイオスは数人の女性を妻に迎えており、クセルクセスには複数の同腹・異腹の兄弟がいた。そのうち、年齢的・能力的にクセルクセスのライバルとなったのは、異母兄のアルトバザネスだった。ヘロドトスやプルタルコスといったギリシア語文献は、クセルクセスとこの異母兄のあいだに王位をめぐる対立があったと記している。ただ、それはクセルクセス以降の時代に見られた、血で血を洗うような暴力的な争いにまでは発展しなかった。クセルクセスが自身の碑文で述べるところによれば、兄弟がいるにはいたが、すでに父の存命中から彼には次期王の座が約束されていたという。

アケメネス朝ペルシア史全体を眺めても、ダレイオスからクセルクセスへの権力移行はかなり平和的になされたと評価すべきである。それにはクセルクセスとアルトバザネスの決定的な差が関係したと推測される。アルトバザネスの母はダレイオスとともに僭称王を打倒したゴブリュアス、つまり単なる「同僚」の娘にすぎなかったのにたいし、クセルクセスの母はペルシア帝国の創建者キュロスの娘アトッサだったのである。

クセルクセスの母、アトッサ

やはり、母アトッサを通じてキュロスの孫にあたるという圧倒的な血筋のよさが、クセルクセスをして後継者争いをほとんど問題とさせなかったと言うべきだろう。アトッサにかんしてわれわれが有する知識は、そのほぼすべてがヘロドトス『歴史』に由来する。それによるとアトッサの父はキュロス、母はカッサンダネという女性であった。初婚の相手は自身の兄弟であるカンビュセスで、カンビュセスの死後に一時的に僭称王の後宮に入った。そして、僭称王Yが誅殺されたのち、ダレイオスの妻となり（再々婚）、長男クセルクセスをはじめ四人の男児をもうけたという。クセルクセスの即位により、キュロス・カンビュセスの家系とダレイオスの家系が一つになり、真に「アケメネス家」が完成したのである。

ヘロドトスによれば、最初にダレイオスにギリシア遠征を提案したのもアトッサであり、それは以下に記すような経緯だった。あるときアトッサの胸にできた腫物《はれもの》を、イタリア半島先端のギリシア植民都市クロトン出身で、当時ペルシア宮廷で侍医を務めていたデモケデスが治療した。その見返りとして、デモケデスはアトッサに故国帰還のための機会作りを懇請する。それを受け、アトッサは臥所《ふしど》をともにしたさい、ダレイオスにギリシア出身の侍女が欲しいとねだり、ギリシア遠征を提案する。ダレイオスはギリシア遠征に先立つ視察隊の派遣を決め、その一員にデモケデスを採用した。任務の途中で寄ったイタリア半島でデモケデスの逃亡を許してしまうが、視察隊は所期の目的を果たし、ギリシア各地の様子を報告したという。実際アトッサがギリシア遠征を提案したかどうかは確かめようもなく、たとえ事実だったとしても、王と王妃のあいだのプライベートな会話をヘロドトスがどのように知りえたかなど、このエピソードには多くの疑問が残る。

アトッサは、アイスキュロス作の悲劇『ペルシア人』でも、主要登場人物として描かれている。『ペルシア人』は現存するギリシア悲劇中、唯一史実に取材した作品で、ギリシア親征によって王クセルクセスが不在となったペルシア宮廷が舞台となっている。劇の前半はアトッサと長老たちからなるコーラス隊のやり取りを中心に進行し、途中から亡霊として甦ったダレイオス、終盤で遠征から逃げ帰ってきたクセルクセスが劇にくわわる。クセルクセスが登場するまで、ペルシア宮廷には成年男子が欠如しており（男性は老人、もしくは死者のみ）、アトッサが実質的な支配者として君臨する。

ポストコロニアリズムの旗手、サイードは著書『オリエンタリズム』で本作を取り上げ、オリエントを「嘆きのアジア女性たち」と表象する作品だと評する。このようにアトッサはギリシア人にとって強烈なアジア女性の印象を与えたが、ペルシア由来の文書史料やクテシアス『ペルシア史』では、この個性的な女性がまったく活躍しない。その事実が彼女をいっそうミステリアスな存在へと引き立てている。

バビロニアの反乱と鎮圧

クセルクセスが即位後、最初に直面した問題は、エジプトおよびバビロニアの反乱である。

エジプトの反乱はペルシア軍が派遣されたものの、実戦に至った形跡のないままに収束したようである。かたや、バビロニアの反乱はクセルクセスの治世最初期に発生し、少なくとも二人の人物――ベル・シマンニとシャマシュ・エリバ――が「バビロニア王」として立った。

ギリシア語文献史料でクセルクセス治下のバビロニア反乱に直接言及しているのは、クテシアス『ペルシア史』のみである。不思議なことに、より時代の近いヘロドトスはこれに沈黙する。しかし、ヘロドトスはクセルクセスがバビロン市にあるマルドゥック神をまつるエサギラ神殿から神像を略奪し、さらには止めに入ったバビロニア人祭司らを殺したとの事件を挿話として手短に紹介している。ローマ時代の史料になるが、似たような記述として、アリアノスとストラボンはクセルクセスによって破壊された神殿の再建をアレクサンドロスが計画したという。

かつてはこのような記述を拡大解釈し、反乱鎮圧にともない、バビロンは見せしめとして徹底的に破壊されたとの推測もなされた。しかし、アケメネス朝ペルシア史の見なおしが盛んだった一九八〇年代に、ギリシア語史料や関連する粘土板文書の精緻な読解によって、このような記述はギリシアに攻め入ったクセルクセスを悪く見せる目的、あるいはアレクサンドロスの寛大な姿勢を際立たせるためのプロパガンダだったとの説が出された。その一方で、北バビロニアの主要な文書群ではこの時期に断絶が見られることから、鎮圧にともない現地社会が何らかの変化を経験したとも指摘されている。

対ギリシア遠征の再開――ヘレスポントス架橋

エジプト、バビロニアの反乱を平定したのち、クセルクセスは父ダレイオスが未完のまま残した事業である、ギリシア遠征の再開に着手した。ダレイオスは遠征隊を派遣しただけだったが、クセルクセスはみずから兵をひきいて出征した。親征をおこなったという事実は、この時期すでに、王が不在にできるほどに本国が落ち着いていたことを示唆する。

このクセルクセスによるギリシア遠征は、ヘロドトスをはじめとするギリシアの歴史家たちが多くの記述を残してくれたおかげで、ペルシア帝国がおこなった戦争中で（帝国最後の戦いとなった、対マケドニア防衛戦とならんで）、戦争の経過がもっとも詳細に明らかとなっている。とくにヘロドトスは『歴史』全九巻のうち、最後の三巻をクセルクセスの遠征にあてており、その情報量は岩波文庫の翻訳で一冊分（三〇〇頁強）となっている。しかし反面で、この戦争がペルシア由来の史料で言及されることはない。この圧倒的な情報の非対称性ゆえに、対ギリシア遠征をアケメネス朝ペルシア史の文脈にどう位置づけるかが、かえって難しい問題となっている。とはいえ、まずは主としてヘロドトスの『歴史』によりながら、戦争の経過を復元したい（4-1）。

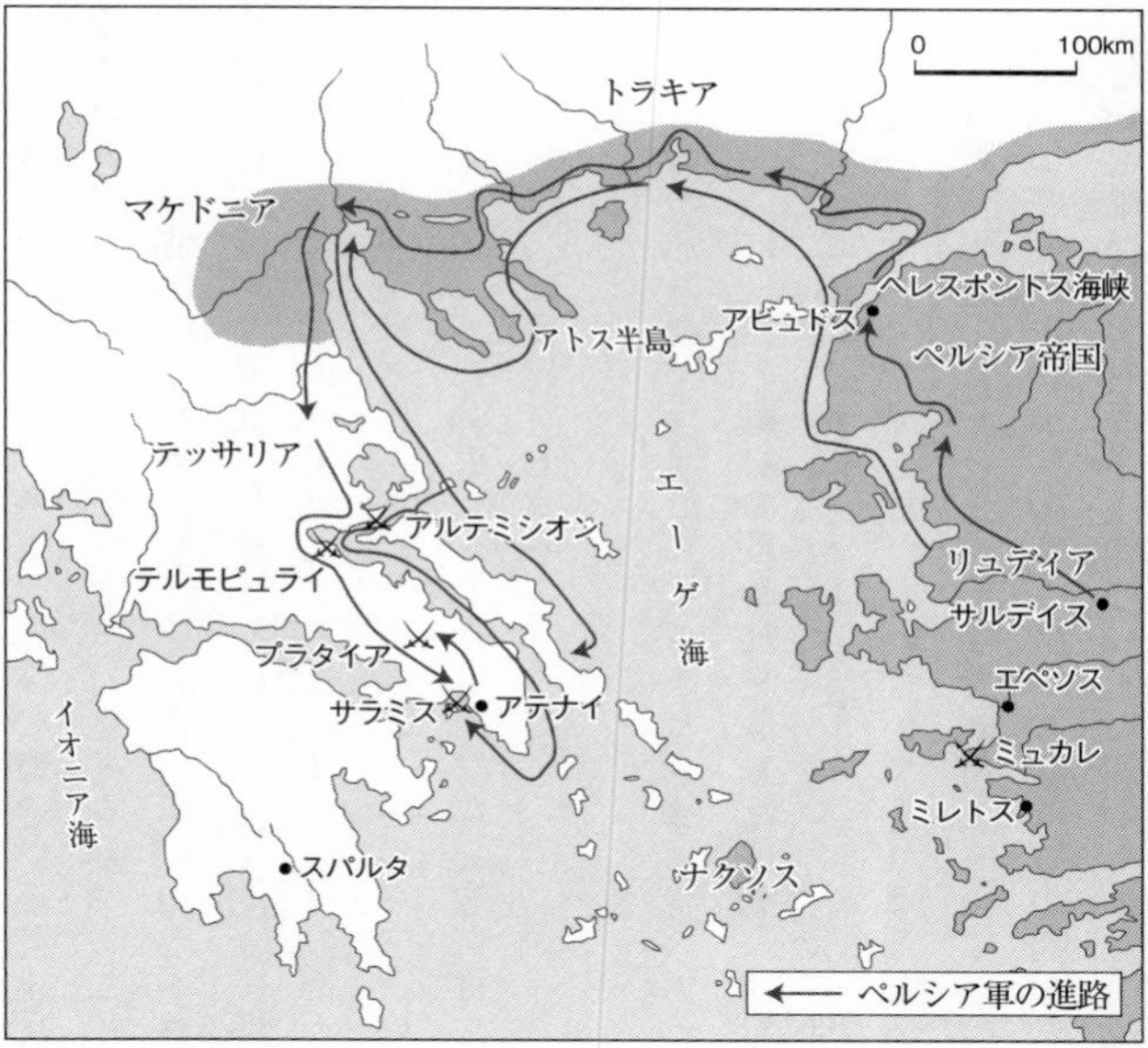

4－1　クセルクセスのギリシア遠征

前四八一年、クセルクセスは、従兄弟にして義理の兄弟にあたるマルドニオスとともに出征した。クセルクセスの副官に指名されたマルドニオスは以前、ダレイオス治下にも西方に遠征した。そのさいは、ギリシア北部のアトス半島を回航中に嵐に遭遇し多くの艦隊を失い、また自身も現地部族の襲撃によって戦傷を負ったため、退却した。この後、遠征失敗の責任を問われ、いったん将軍職を解かれるが、クセルクセスの治世に入ると対ギリシア遠征の主戦派として表舞台に返り咲く。

クセルクセスおよびマルドニオスのひきいる陸上部隊は、ペルシア帝国西部の中心都市であるサルディスに集合し、そこでひと冬を越す。この間、ヘレスポントス海峡では、軍隊をヨーロッパ側に渡すための橋が建設されていた。ヘロドトスをはじめとするギリシア語の歴史書では、渡河や渡海、架橋がしばしば文学的な主題として扱われることがある。このたびのクセルクセスによる工事にかんしては、つぎのようなエピソードが伝えられている。

最初クセルクセスは、エジプト人とフェニキア人のグループにそれぞれ一本ずつ、計二本の橋を架けるように命じた。しかし、このときに作られた橋は、完成直後に猛烈な嵐によって、ばらばらに砕けてしまう。

その知らせをうけたクセルクセスは、ヘレスポントスに対して大いに怒り、家臣に命じて海に三百の鞭打の刑を加え、また足枷《あしかせ》一対を海中に投ぜしめた。それのみか私の聞いたところによれば、ヘレスポントスに烙印《らくいん》を押させようと、その係りのものを鞭打役人らとともに派遣したともいうが、それはともかくクセルクセスが役人に命じ次のような野蛮不遜《ふそん》の言葉とともに海を鞭打たせたことは確かである。

「この苦い水めが。御主人様がお前にこの罰をお加えになるのだぞ。御主人様はお前に何も酷《ひど》いことをなさらぬのに、お前の方から御主人様に弓を曳いたからだ。クセルクセス王はお前が何といおうと、お前をお渡りになる。もとよりお前に供え物をするような者はこの世に一人もおらぬ。お前のような濁った塩辛い流れには当然のことだ」

クセルクセスはヘレスポントスにこのような罰を加える命令を下すとともに、ヘレスポントス架橋の責任者の首を刎《は》ねさせたのである。　（ヘロドトス『歴史』七・三五）

このエピソードは、実際にここで報告されているままに起こったのかどうか、確かめようがない。一方でクセルクセスがおこなったとされる懲罰については、両極端の解釈がなされてきた。すなわち一つには、この行動によって、自然現象にたいして怒りを抑えられないクセルクセスの非理性的な性格が露呈してしまったという。そもそも海峡というのは本来、神が陸地を分かつために作った自然の地形とも言える。そこに人間が橋を架けることは、自然なり神なりの意思に背く行為である。そのため、この鞭打ち、烙印のエピソードをふくめたヘレスポントス架橋事業は、直情的なクセルクセスという人物を象徴する事件として後世に語られていく。この見解とは正反対に、クセルクセスはここでペルシアの宗教的・伝統的な世界観にのっとって、自然を人格化したうえで問責したのだという解釈も提示されている。この説に従えば、彼はきわめて冷静な判断にもとづいて、海を懲罰したと理解される。

ギリシア本土への侵入――テルモピュライの戦い

ヘレスポントス海峡をめぐっては、海の懲罰とは対比的な、また別のエピソードも伝わる。海峡を望むアジア側の拠点アビュドスで、クセルクセスは全軍の観閲と競技会の開催を思いついた。高台に上り、アビュドスの平野とヘレスポントスの海がことごとく自軍の兵士で埋めつくされているのを一望すると、王はわが身の幸せを噛《か》みしめた直後に、涙する。そばにいた叔父のアルタバノスが理由を尋ねたところ、ここにいる誰しもが一〇〇年後までは生き永らえていないと想像すると、突如として人生の虚《むな》しさに気づき、思わず涙したのだという。むろん、その場に居合わせなかったヘロドトスに、クセルクセスの心中を察することなどできるはずがない。しかし、史家がこのような人間味あふれるクセルクセス像を描いてくれたおかげで、彼は死後も幾度となく語りなおされていく。

ヘレスポントスの橋が無事作りなおされると、年があらたまった前四八〇年、クセルクセス軍はヨーロッパ側へと渡る。その後トラキア地方を西へと進んで、すでにペルシア帝国への臣従を誓っていたギリシア北部のマケドニアへと入る。また、陸上部隊と並行して、海軍もエーゲ海北部を西へと航行していく。マケドニア南部に突き出たカルキディケ半島は、一二年前のダレイオス時代に、マルドニオス指揮下の海軍が嵐で難破し、損害をこうむった地点でもあった。今回の遠征に先立ってクセルクセスは、カルキディケ半島の先端で三本に分かれたいちばん東の半島（アトス半島）を開削し、海軍が通過するための運河を建設した。ヘロドトスの評価によれば、この工事はさして軍事的なメリットが見込めるわけではなく、クセルクセスの見栄《みえ》によるところが大きいという。戦略性はともかく、父王ダレイオスが遠征時に各地で土木工事をおこなったように、クセルクセスが「造る王」としてのペルシア王の姿勢を見事に継承している点は注目に値する。

いよいよペルシア軍がギリシア本土に侵入するにあたって、ギリシア側は、スパルタ王レオニダスのひきいるスパルタ兵を中心とした軍隊がテルモピュライの地峡に陣取って、これを阻止しようと試みた。しかし、この作戦はしょせん多勢に無勢であり、当初こそ持ちこたえたものの、やがて山中の迂回《うかい》路を利用したペルシア軍によって背後に回り込まれ、その場に残っていたギリシア軍は全滅してしまう。なお、このときレオニダスは「三〇〇人」のスパルタ精鋭部隊をひきいていた。やがて、この三〇〇という数字はテルモピュライの戦い、ひいてはペルシア戦争の象徴として用いられ、神話化されていく。しかし実際のところ、テルモピュライの戦いではスパルタ正規軍のほかに、補助軍や同盟国の軍隊も参戦しており、ギリシア側の兵力は「三〇〇人」の一〇倍以上にのぼっていた（とはいえ、ペルシア軍のほうが圧倒的に優勢な点に変わりはない）。

アテナイ蹂躙とサラミスの海戦

ペルシア軍侵攻の阻止が陸のテルモピュライで試みられているあいだ、海ではアテナイ軍を主力としたギリシア海軍が、エウボイア島北端のアルテミシオン沖でペルシア艦隊の南下を阻もうとしていた。この海戦は、数でまさっていたペルシア軍が暴風雨によって艦隊を失うなどのアクシデントもあり、勝敗のつかないまま三日が経過した。しかし、けっきょくテルモピュライの戦いの結果が知らされると、これ以上の防衛は無理だと判断したギリシア海軍は撤退した。

テルモピュライ、アルテミシオンを突破したペルシア軍は、デルポイの神託所など各地で略奪目的の寄り道をしながら南下し、いよいよアテナイ市内へと侵入する。アテナイでは、婦女子ら非戦闘員の大半をペロポネソス半島のトロイゼンに疎開させ、男性市民は海上決戦のために船に乗り込んだ。しかし、一部の市民は土地を離れることを拒み、市内の高台であるアクロポリスの丘に籠城《ろうじょう》した。当時アクロポリスには、前回のペルシア軍来襲を退けた記念として奉献されたモニュメント——通称「古パルテノン」——が建設途上にあった。ペルシア軍はアクロポリスの防砦を突破すると、籠城していた市民を殺戮《さつりく》し、「古パルテノン」も破壊した。

海上での決戦は、アテナイの沖に浮かぶサラミス島とのあいだの水道でおこなわれた。多勢のペルシア海軍に数で劣るギリシア海軍が戦って勝利を見込めるのは、開けた海域よりも狭い海峡であった。このときギリシア海軍の主力となるアテナイ艦隊を指揮したのが、将軍テミストクレスである。彼はこれより少し前から、三段櫂船《かいせん》と呼ばれる最新式の戦艦を大々的に揃え、外港を要塞化するなど、アテナイの海軍国化を推し進めていた。ペルシアとの海上決戦を見事に的中させたテミストクレスは、実際の戦いでも卓越した戦略的判断で、ペルシア軍をサラミス近海へと誘い込んだ。サラミスの海戦の結果はギリシア軍の勝利に終わったが、それは作戦勝ちとも評価できるものだった。海戦後、敗れたクセルクセスは全軍の指揮権をマルドニオスにゆずり、みずからは一足先に帰国した。

プラタイアの戦いと「蛇柱モニュメント」

クセルクセスが去ったのち、ギリシアで越冬したマルドニオス麾下のペルシア軍は、翌年(前四七九年)にギリシア中部のプラタイアの平野でギリシア軍と激突した。スパルタ王家のパウサニアスがひきいたギリシア連合軍との激しい戦闘の結果、ペルシア軍は敗れ、指揮官マルドニオスも戦死してしまう。

戦闘が終わったのち、ペルシア軍が使用していた調度品や兵士が身に着けていた武器、装身具などは、ギリシア軍によって回収された。これらの金属製品は鋳《い》つぶされ、神々に戦勝

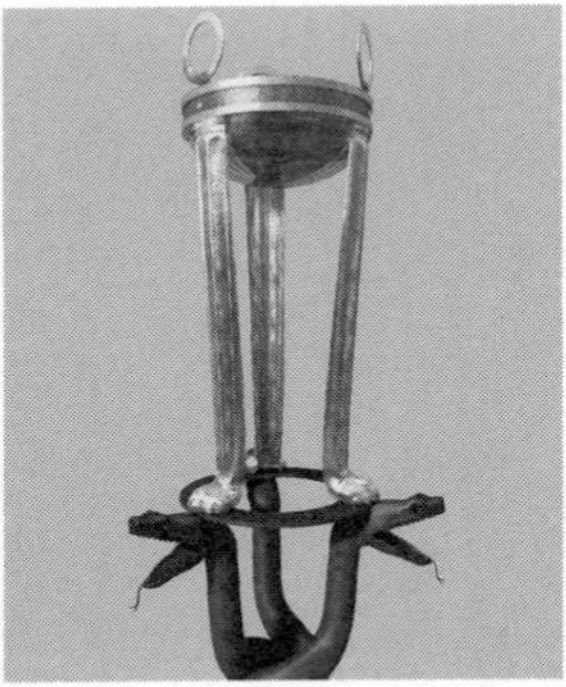

4－2　「蛇柱モニュメント」
CGによる復元想像図（左）／現況写真（右、田中英資氏撮影）

を感謝するための記念物へと作りかえられて、各地の聖域へと奉納された。このうちデルポイのアポロン神には、戦利品の一割を使用して黄金製の鼎《かなえ》が奉納された。この鼎は青銅製の三匹の蛇によって支えられていたが、本来記念物の主役だった黄金製の鼎は早い段階で持ち去られてしまい、蛇の銅柱像のみが奉納されてから約八〇〇年間、デルポイの聖域に残った。しかし、四世紀前半にローマ皇帝コンスタンティヌス大帝が、おそらくは対サーサーン朝ペルシア戦の縁起物として、これを新首都コンスタンティノープルの競馬場へと運び出した（4－2）。

その後、蛇のモニュメントは本来の意味を忘れられ、蛇の口からはワインや乳が流れ出るとか、賢者が首都の魔除《まよ》けとして作ったといった都市伝説がささやかれるようになった。現在でも、トルコ共和国イスタンブル市のスルタン・アフメト・ジャーミィ（通称「ブルー・モスク」）脇に位置する「馬の広場」で、頭部が落ちて身体だけになった姿の「蛇柱モニュメント」を目にすることができる。

プラタイアの戦いと同時期、ギリシア海軍は当時ペルシア帝国下にあったサモス島を解放すべく、東エーゲ海へと出航した。敵艦隊の到来を前に、サモス島に駐留していたペルシア海軍がアナトリアへと引き上げたため、ギリシア軍もこれを追って上陸し、ペルシア軍を撃破した（ミュカレの戦い）。この段階でギリシア軍は守勢から攻勢へと転じており、ペルシア戦争も、ペルシア軍による対ギリシア遠征という当初の性格から変質した。

プラタイアの戦いの翌年（前四七八年）には、将来予想されるペルシアの来襲に備え、アテナイを盟主とする軍事同盟が結成された。この同盟は金庫をエーゲ海の聖島デロスに置いたことから、デロス同盟と呼ばれる。スパルタはすでにペルシアとの戦争から手を引いており、今度はアテナイが先頭に立って、デロス同盟を足掛かりにペルシア帝国との戦争を継続した。これによりエーゲ海全域に勢力を拡大したアテナイは、帝国的とも評される支配を確立した。

ペルシア戦争の世界史的意義

以上のように、対ギリシア遠征（ペルシア戦争）は、ペルシア帝国の対外戦争のなかでも、圧倒的に細部まで明らかとなっている。その反面、ペルシア由来の史料にはこの遠征への言及が見られないため、ペルシア戦争をアケメネス朝ペルシア史、ひいては世界史のなかでどのように位置づけるかは難しい課題となる。世界史という観点からペルシア戦争を決定的な事件として扱う一例として、ここでは一九世紀の哲学者ヘーゲルによるペルシア戦争理解を取り上げたい。

『歴史哲学講義』（一八四〇年）で、ヘーゲルはまず、世界史とは「精神の自由」が知られていく過程を叙述することだと定義する。そのうえで、世界史を古代から近代、東洋から西洋へと展開していくという発展史観でとらえる。ヘーゲルによれば、アジアは古くから専制君主によって支配されており、君主をふくめ誰一人として、自由であることを知らなかった。一方ヨーロッパでは、ギリシアで自由の意識が登場すると、キリスト教と結びついたゲルマン人国家では、すべての人間が自由であることを知るのだという。

それではヘーゲルは、ペルシア戦争を世界史全体の流れでどこに置いたのだろうか。『歴史哲学講義』はペルシア戦争に一章を割り当てて、つぎのように解説する。

ここ〔ペルシア戦争――筆者注〕では世界史の利害が天秤《てんぴん》にかけられている。一方の皿には東洋的な専制政治が、いいかえれば、ひとりの君主のもとに統一された世界がおかれ、もう一方の皿には、領土も物資もとぼしい小国分立のなか、個人の自由が生活に活気をあたえている世界がおかれる。（ヘーゲル『歴史哲学講義（下）』岩波文庫版、六二頁）

そして、その結果については、つぎのように評価する。

歴史上、これよりもっと大規模な戦闘での勝利がいくつか見られるのはたしかですが、このペルシャ戦争は、民族の歴史にのこる不滅の記念碑であるばかりでなく、学問と芸術の歴史や勇者と共同体精神の歴史にのこる不滅の記念碑でもあります。というのも、このたたかいは文化と精神力をすくい、アジアの原理を無力化した世界史的な勝利だからです。（同、六一～六二頁）

もともとヘーゲルは、中国やインドと比較して、ペルシアを「近代的な意味での帝国」であって、「はじめて自然と対立する自由な精神の原理」があらわれた場所として、高く見る。しかし、ペルシアはこの新たに見出された精神を征服地にまで浸透させ、政治的な統一を形成することに失敗した。そのため、ギリシアとの対決では、「低い原理が高い原理に敗れ」ることになったと解説する。すなわち、ヘーゲルにとってペルシア戦争は、それ以降のアジアの停滞とヨーロッパの発展の分水嶺《ぶんすいれい》となったのである。

ヘーゲルが目指したのは「哲学的な歴史」であって、実証的な歴史学ではない。そのため細部で反証をあげることは、さほど難しくない。実際、本書のこれ以降の章では、対ギリシア遠征以後もアケメネス朝ペルシアが国際的な存在感を発揮しつづけたことが示されよう。しかし、ヘーゲルの描いたモデルは単純なぶん、それだけにわかりやすく訴える力があったことも忘れてはならない。そして何よりも、一九世紀を代表するヨーロッパの知識人が、このような歴史認識を持っていた事実こそが重要なのである。

ペルシア史の文脈における対ギリシア遠征

侵略されたギリシア側の史料が饒舌《じょうぜつ》なのにたいし、侵略した側のペルシア由来の史料はこの戦争について語らない。この沈黙を、われわれはどのように理解すればよいのだろうか。

一つには、ペルシア帝国にとって対ギリシア遠征は些細《ささい》な出来事にすぎないのだという、ミニマリスト的見解がある。これは、とりわけ一九七〇年代後半から八〇年代にかけて流行した見方で、従来のアケメネス朝ペルシア史はヨーロッパ（ギリシア）中心史観にとらわれていたと批判し、ペルシアの文脈にそってペルシア史を理解しようとする研究動向を反映している。

実際ペルシア帝国が対外戦争に失敗したのは、ギリシア遠征が最初ではない。キュロスも北方の騎馬遊牧民との戦いのさなかに戦死し、カンビュセスもおそらくはエジプト遠征に付随する戦争で辛酸をなめている。クセルクセスの父ダレイオスも、ギリシアに遠征する前におこなわれたスキタイ遠征は失敗しているではないか。そうであるならば、ダレイオス・クセルクセス親子のギリシア遠征も、ペルシア帝国から見れば僻地《へきち》で起きた小さな躓《つまず》きにすぎず、取り立てて騒ぐような事件ではないのだとの主張も、それなりの説得力を持っていよう。なお、付言しておくと、「ベヒストゥーン碑文」をのぞいて、古代ペルシア語碑文で個別具体的な事件が言及されることはなく、対ギリシア遠征への沈黙がそのまま、戦争の記憶の抹消を意味することにはならない。

これとは反対に、ギリシア遠征の敗北はやはり、ペルシア史の文脈でも重大事件だったとの説も唱えられている。ダレイオス・クセルクセス親子が作成した碑文からは、彼らが「真」と「偽」の二元論的な世界観を有しており、ペルシア大王が前者を、反乱者は後者を体現していたことが読み取れる。そもそもダレイオスによるギリシア遠征の発端はイオニア反乱にアテナイが干渉したことにあり、したがってペルシア王の世界観に照らせば、アテナイはこの段階で「偽」となる。そして、「真」たるペルシア大王は実際に「偽」を倒すことによって、みずからが「真」たることを立証する必要があった（この点で、クセルクセスが親征した事実は、その意味を増す）。この説によれば、地上世界の統治者であるペルシア大王にとって、重要でない戦争など一つもなかったことになる。

そもそも、ペルシア戦争の勝利者は、本当にギリシア側だったのだろうか。たとえば、紀元後一世紀後半から二世紀初頭にかけて活躍した、ローマ帝国統治下アナトリアの都市プルサ（現在のトルコ共和国ブルサ市）出身の弁論家ディオン・クリュソストモス（「黄金の口を持つ」ディオン）は、ペルシア人から聞いたというペルシア戦争観をつぎのように紹介している。

彼らが言うには、ダレイオス王は、ナクソスとエレトリアに向けて、ダティスおよびアルタペルネス指揮下の軍隊を派遣した、そして彼らはこれらの都市を落として王のもとに帰還した、しかしその途次エウボイアの付近で停泊中に僅《わず》かの船が、二〇隻を超えないが、アッティカ地方へ流されたあげく、船員と土地の者との間にちょっとした戦が生じたという。その後クセルクセス王がギリシアに進軍し、ラケダイモン〔スパルタ——筆者注〕軍をテルモピュライで破って、その王レオニダスを殺した。またアテナイの都を占領して破壊し、逃げ出さなかった者たちを奴隷にした。このようにしてから朝貢を課すとアジアに帰ったという。

（ディオン・クリュソストモス『トロイア陥落せず（弁論第一一篇）』一四八〜一四九）

ディオンは直後に、これらは明白な嘘であり、ペルシア大王による作り話なのだという。じつはディオンによる本作は演示弁論と呼ばれる文学ジャンルに属する作品で、法廷弁論の形式を模しながら、「トロイア戦争でトロイアは陥落し、戦争の敗者はトロイアである」とのギリシア人たちの常識を、自身の弁論術によって覆そうと試みる、一種の知的遊戯とも見なしうる。つまりは作品全体がフィクションで、そうである以上、前記のペルシア人をインフォーマント（情報提供者）とする解釈もディオン自身の創作かもしれない。

しかしながら、本作で見せるディオンのレトリックは、戦争結果の評価などそもそもがきわめて主観的なものにすぎないことを教えてくれる。ディオンが述べるように、ひょっとしたら実際のペルシア人もギリシア遠征が成功したと信じていたのではなかろうか。というのも、ペルセポリスに残るクセルクセス作成の碑文では、クセルクセスの法がおよぶ地域として、「海辺に住んでいるところのギリシア人と海のむこうに住んでいるところの彼ら」との語句が登場し、まるでエーゲ海のむこう側（ギリシア本土）の住人もペルシア帝国の臣民であったかのように読み取れるのである。少なくとも、アテナイ人ら多くのギリシア人(「偽」)を恐怖に陥れ、多数の戦死者を出し、アテナイを筆頭に各地を蹂躙《じゅうりん》したことで、ペルシア大王が「真」たることの証明という所期の目的は、じゅうぶん果たされたとも言えよう。

ペルシア戦争の影響――「バルバロイの発明」

ここでいったん、攻められた側に目を転じよう。当時の超大国と一戦を交えた経験は、ギリシアの諸都市にどのような文化的・社会的反応を引き起こしたのだろうか。

ギリシア語に「バルバロイ」(単数形は「バルバロス」)という単語がある。バルバロイとは、ギリシア語を母語としないため、ギリシア語を話すと「バル、バル」といった奇妙な発音をともなってしまうことを示す形容詞、およびそのようなギリシア語を話す人々を指す名詞である。このように「バルバロイ」は多少の揶揄《やゆ》を込めながらも、本来は非ギリシア人一般を指すニュートラルな単語であった。

ところで、ペルシア戦争を経験したのちのアテナイでは、国家が主催する悲喜劇上演の場や、弁論といった文学作品、壺絵《つぼえ》などの工芸作品でペルシア人を筆頭とする「バルバロイ」が頻繁に登場するようになる。しかし、これらの「バルバロイ」は単なる異邦人として描かれていたわけではない。彼らは戦いに敗れ、贅沢におぼれ、さらには感情的で残忍、危険な存在というステレオタイプ化された否定的な姿で描写されたのである。実際にペルシアとの戦争で傷を負い、あるいは身内から戦死者を出した者からすれば――悲劇詩人アイスキュロスもそのうちの一人で、彼は自身が参戦しただけではなく、兄をマラトンの戦いで亡くしている――、ペルシア人はどれだけ口汚く罵《ののし》っても、罵り足りない相手だったろう。イギリスの古典学者ホールは、この否定的な異民族観が前面に押し出されるようになった現象を、「バルバロイの発明」と呼んだ。

ホールが研究上、大きな影響を受けたのは、序章でも触れたサイードに代表されるポストコロニアリズムの思想である。サイードは一九七八年に発表した著書『オリエンタリズム』のなかで、歴史上、オリエントとは西洋世界によって一方的に都合よく表象される世界であったと、鋭く指摘した。「西洋のもの言わぬ他者」という言い回しに端的にあらわれているように、サイードは西洋がオリエントを表象しているかのように見せながら、そこに自身の反転した姿を求めているにすぎないのだと喝破した。ホールはサイードの提示したこの理論を、古代ギリシア史研究に積極的に援用したのである。

ホールによれば、「バルバロイの発明」とは、ただ単にペルシア人を否定的に描くだけの現象ではない。ステレオタイプ化されたペルシア人は彼らの現実を写し取ったものではなく、ギリシア人がみずからを男性的で勇敢、質実剛健で理性的と定義するために、対比的に都合よく「発明」されたのだと主張した。すなわち、否定的（ネガティブ）な「バルバロイ」とは、肯定的（ポジティブ）な「ギリシア人」の反転した姿――ちょうど写真フィルムのネガ・ポジの関係のよう――にすぎなかったというのである。

「ペルシア趣味」の流行

前項のように、ギリシア人たちは彼らが打ち負かしたペルシア人を、みずからとは正反対の、蔑《さげす》むべき否定的な存在として作り上げていった。それと同時に、ギリシア人にとってペルシア帝国、とりわけその頂点に立つペルシア大王は、ギリシアをはるかに凌駕《りょうが》する物質的な豊かさを持った、ひそかなあこがれの対象でもあった。ペルシア風のアイテムの所持は、同僚市民間の対等な関係から一歩抜け出すための、ステータス・シンボルとして機能した。それゆえペルシア戦争以前より、ギリシア人たちはペルシア帝国の贅沢品をまねて、フェイク品を自国生産していった。

たとえばギリシアの宴席では、取っ手と脚の付いた陶器製の杯が使用されるのが一般的だったが、ペルシアでは出っ張りのない金属製の椀《わん》が使用された。ギリシア人たちはペルシア風の椀に贅沢品としてのあこがれを抱き、それらの模倣品を製作するようになる。しかしオリジナル品のように金属で作るのは経費がかかりすぎるために、ギリシアでは陶器でその形をまね、表面に黒光りする上塗りをかけることによって、金属らしさを再現した（一部、金属による模倣品も生産されたかもしれないが、考古学的に発見されていない）。一般的なギリシアの酒杯は脚部をつかんで使用したのにたいし、ペルシアでは酒椀は、片手の指先で支えるように持った（４－３）。ギリシア製のペルシア風酒椀は、ギリシアでもペルシア式の持ち方をされたことが、陶器に描かれた図像から推定されている。

また、ペルシア大王が屋外を歩くさい、従者が後ろから日傘を差しかけた（４－４）。この習慣はアテナイでもまねされ、お付きの奴隷が女性たちに日傘を差しかけている姿が、図像資料から見て取れる（４－５）。日傘自体が贅沢を象徴するアイテムであると同時に、非生産的な目的のために奴隷を使用するという行為は、究極の贅沢を意味した。なお、ここでは男性であるペルシア大王の日用品がアテナイに導入されると同時に女性のアイテムへと変換されていること、日傘に「女性的」という属性が付与されている点にも注目する必要があろう。この逆転現象によって、日傘を使用するペルシア大王は「非男性的」（すなわち「バルバロイ的」）との図式も成り立つのである。

ペルシア風の文物が流行《はや》る現象を、考古学者のミラーは近世ヨーロッパで流行した「中国趣味／シノワズリ（*Chinoiserie*）」や「トルコ趣味／テュルクリ（*Turquerie*）」になぞらえて、

4 - 3　**ギリシアとペルシアの宴会風景**　キュリクスと呼ばれるギリシアの酒杯（上）の表面には、杯の脚を握って酒を飲む男性が描かれている。ペルシア帝国領のアナトリア（リュキア地方）から出土した墓の壁画（下）では、男性が指先で椀を支持する様子が描かれる。

4－4　ペルシア大王と日傘を差す従者　ペルセポリス出土

4－5　従者に日傘を差させるギリシア人女性

「ペルシア趣味／ペルスリ（*Perserie*）」と名づけた。前述のように、「ペルシア趣味」はペルシア戦争以前より見られた現象だったが、戦後にいっそう加速した。ペルシア戦争は多くのギリシア人にとって、ペルシア人やペルシアのアイテムを実見したはじめての機会だったのだ。とくに、戦いの後の戦場には武具のみならず、ペルシア兵らが使用した日用品も残されていた。それらは戦勝国のあいだで戦利品として分配され、各都市へと持ち込まれた。その頂点をなすのが「クセルクセスの野外幕舎《ばくしゃ》」である。

「クセルクセスの野外幕舎」と「ペリクレスの音楽堂」

対ギリシア遠征で、クセルクセスは半年近くにわたり本国を離れた。そのため、遠征軍には戦闘員のみならず、王の身の周りの世話をする宦官や女性たちも付き従った。王の寝所として準備された野外幕舎は、豪奢《ごうしゃ》な宮殿としても機能し、その空間はさながら移動する宮廷のようだったろう。サラミスの海戦後、クセルクセスが一足先にギリシアを離れたさいには、指揮権と同時に野外幕舎もマルドニオスにゆずられた。

プラタイアの戦いでペルシア軍が敗れ、マルドニオスも斃《たお》れると、持ち主を失った野外幕舎は戦場に取り残された。戦い直後にギリシア軍の総司令官パウサニアスがこの野外幕舎に入ったとき様子を、ヘロドトスはつぎのように記録している。

クセルクセスはギリシアを脱出する際、自分の調度品をマルドニオスに残していったという。パウサニアスは金銀の器物や華麗なカーテンなどを具《そな》えたマルドニオスの調度品を見ると、パン焼き職人と料理番に命じて、彼らがいつもマルドニオスに作っていたと同じ料理を用意させた。このものたちが命ぜられたとおりにすると、パウサニアスは贅沢にしつらえられたソファーに金銀のテーブル、さらに食事用の豪華な調度を見、並べられた山海の珍味に驚きあきれ、戯れに自分の下僕に命じてラコニア〔スパルタ――筆者注〕風の食事を作らせた。

（ヘロドトス『歴史』九・八二）

この「クセルクセスの野外幕舎」はプラタイアの戦い後、戦利品としてアテナイに移設され、市民向けに公開・活用されたと推測されている。

さて、半世紀ほど時間が流れ、前四四〇年代になると、ときのアテナイの有力政治家ペリクレスはアクロポリスの南麓《なんろく》に音楽堂（オディオン）を建設した。この建物の特徴は、つぎのようだったという。

オディオンは、内部は柱が多く座席の多い造りだが、屋根は円屋根で、一つの頂点から斜面をなしている。これはペルシア王のテントの形を模したものだと言われている。ペリクレスが監督した。

（プルタルコス『ペリクレス伝』一三・九）

おそらく当時までにオリジナルの野外幕舎は相当に傷んでいただろう。これに代わる施設として、ペリクレスはかつてペルシア帝国と戦ったアテナイ市の心臓部に、「クセルクセスの野外幕舎」（すなわち臨時宮殿）の模倣品をうち建ててしまったのである。現在「ペリクレスの音楽堂」の上部構造は消失している。しかし、考古調査と文献史料からは在りし日の音楽堂の全体像が復元されており、ペルセポリスの「百柱殿」との類似も指摘されている。

ペルシアによる侵略を経験したのち、ギリシア人らはペルシア人らを仇敵《きゅうてき》として憎み蔑む一方で、ひそかにあこがれるという、複雑かつ重層的なメンタリティを抱えていたのであった。

クセルクセスの暗殺

前四八六年にペルシア王の位に就いたクセルクセスは、前四六五年夏に王位を去った。比較的スムーズな王位継承によって幕を開けた彼の治世は、最後は暴力的なかたちで終わりを迎えた。彼は歴代ペルシア王のなかで、暗殺によって地位を失った最初の人物となったのである。事件のあらましを、歴史家クテシアスはつぎのように記している。

アルタパノスはクセルクセスのもとで有力〔近衛隊長――筆者注〕であったのだが、有力宦官のアスパミトレスとともに、クセルクセス殺害を企《たくら》んだ。彼らはクセルクセスを暗殺し、息子アルタクセルクセスに、同じくクセルクセスの息子であったダレイオスが殺したのだと信じ込ませた。ダレイオスが参上すると、アルタパノスによってアルタクセルクセスの宮殿へと連行された。ダレイオスは、自分は父親を殺していないと声を大にして否定したが、処刑された。（クテシアス『ペルシア史』断片一三・三三）

クテシアスのほかにも、この事件に言及するギリシア・ラテンの歴史家たちはいるが、彼らの記述も大同小異である。宮廷の有力者が暗殺の実行犯であり、王子たちのうちの一人が王殺しの罪を着せられて処刑される。容疑者とは別の王子であったアルタクセルクセスが即位し、彼の即位後に真犯人らも処刑されたという。

この暗殺によって最大の利益を得たのは、間違いなくアルタクセルクセスである。彼は後継者争いのライバルとなる兄弟を排除したうえで、父親の仇討ちも果たした孝行息子となり、晴れて新王としての統治を開始した。したがって、状況はアルタクセルクセスの一人勝ちと言ってもよい。これが安っぽい推理小説ならば、真犯人としてもっとも怪しむべきはアルタクセルクセスにほかならない。バビロニアの天文日誌やギリシア語作家のアイリアノスは、ただ単にクセルクセスは息子に殺されたとだけ述べており、ひょっとしたらここでいう息子とはアルタクセルクセスを指しているのかもしれない。しかし、真相は闇から闇へと葬り去られたことだろう。

クセルクセスは死後、ナクシェ・ロスタムの地に葬られた。彼の墓は、父ダレイオスと同じ岩壁に築かれ、墓の形状やレリーフに描かれた姿は父王のそれとそっくりであった。

語りなおされるペルシア王

歴史学はがんらい、出来事をできるだけ当時の文脈で理解することを志す学問である。この目的にとって、後世のまなざしや現代人の常識は、本来の姿を曇らせる障害物となる。しかし近年では、ある事件がその後の時代でどのように語りなおされているかに注目する研究が、英語圏を中心に流行している。このような研究分野を「受容史」と呼ぶ。たとえば『信長公記《しんちょうこうき》』を精読し、史実の信長に迫るのが従来の歴史学の手法だとすると、受容史では漫画やテレビ・ゲームすらも題材に、後代の人間が信長に何を投影したかを探るのである。筆者がこれまでルーベンスの絵や藤子・F・不二雄の漫画に言及してきたのも、受容史研究を意識してのことだった。

ヘロドトスが詳細な人物描写を残したおかげで、クセルクセスは歴代ペルシア大王のなかでもっともエピソードに富んだ人物となった。ときに自然の摂理に背き、ときに人生の無常をさとり落涙する。暴虐な面を見せるかと思えば、草木を愛《め》でる心も忘れない。そんな人間味あふれる王だからこそ（むろん、史実のクセルクセスがこのような人物だったかどうかは問わない）、彼は早くから文学・芸術作品の題材となり、したがって受容史研究にとっても格好の分析対象となる。

クセルクセスはすでに前四七二年、アイスキュロスの悲劇『ペルシア人』で、ギリシア遠征の失敗を泣きわめく姿が描かれ、その後もギリシア・ラテンの文学作品にいくたびも登場する。一七世紀にはオペラ・デビューを果たし、ヘンデル作の「セルセ」（一七三八年）でその名声を不朽のものとした（「セルセ」はクセルクセスのイタリア語表記）。スクリーンにも数度呼ばれたが、とりわけ二〇〇六年公開のハリウッド映画「スリーハンドレッド」では、その演出をめぐって「出身国」のイランからクレームが付いた。残念ながら筆者は未体験だが、ギリシアを拠点とするクリエーター集団制作の「クセルクセス」というボード・ゲームも発売されているらしい。公式ホームページによると、プレーヤーはクセルクセス時代の帝国総督となり、民から税を取り立てては、建物を造ったり遠征をすることにより、どれだけクセルクセスから好意を獲得できるのかを競うのだとか。

このようにクセルクセスの語りなおしが尽きないことも、ペルシア戦争（対ギリシア遠征）がその後の世界史に残した大きな文化的遺産なのである。

第5章　円熟の中期ペルシア帝国
――アルタクセルクセス一世とダレイオス二世

地味な史料状況が示すもの

本章ではアルタクセルクセス一世（在位前四六五～四二四／三年）とダレイオス二世（在位前四二三～四〇五／四年）という、二人の王の治世、約六〇年間を扱う。

クセルクセスからアルタクセルクセス一世への代替わりは、アケメネス朝ペルシア史研究におけるターニング・ポイントとなる。歴史研究のためには、まずもって材料となる種々さまざまな史料が必要不可欠だが、アケメネス朝ペルシア史ではこの時期に史料状況が変化する。ギリシア語で書かれた文学作品では、これまで主要な史料となっていたヘロドトスの『歴史』が、クセルクセスの治世第七年目（前四七九年）の事件をもって擱筆《かくひつ》される。『歴史』では、アルタクセルクセス一世時代の出来事にも言及されるが、それらは話の本筋に付された補足情報の意味合いが強い。この時代になると、ヘロドトスの『歴史』に代わって、ここまでその陰に隠れていたクテシアスの『ペルシア史』が主要な文献史料として前面に出てくる。しかし、彼の史書の信憑性は別としても、アルタクセルクセス一世・ダレイオス二世代にかんする『ペルシア史』の叙述は、つづくアルタクセルクセス二世代にくらべると単調で、エピソードの寄せ集めとの印象を受ける。

ギリシア語文献史料以外に目をむけると、クセルクセスの時代までは積極的に作成されていたペルシア語の碑文が、アルタクセルクセス一世の時代に入ると、生産量は激減し、形式化もいっそう進んで、歴史史料としての豊かさを失ってしまう。一方で、旧約聖書やメソポタミアから出土したムラシュ家文書など、これまでとは性格の異なった同時代史料からペルシア帝国を眺められるという利点もある。

とはいえ、概して史料から受ける時代の印象は地味である。王位継承時の後継者争いや断続的に発生する反乱からは、アルタクセルクセス一世とダレイオス二世の治世を安定の時代と呼ぶのは憚《はばか》られる。他方で派手な征服戦争は控えられ、また大規模な領土喪失もおそらくはなかった。すでにアケメネス朝ペルシア帝国が存在して久しく、いまだ滅亡も現実味を帯びていなかったこの六〇年間は、円熟の時代と呼ぶのがふさわしかろう。

イナロスによるエジプト反乱

アルタクセルクセスの治世初期には、帝国領であったエジプトが約一〇年間にわたってペルシアに反乱を起こすという事件が起きた。反乱の経緯はトゥキュディデスやクテシアスら同時代の歴史家によっても書かれたが、ディオドロスの記述がもっとも簡潔なので引用しよう。

クセルクセス死去の報に触れ、ペルシア帝国で広く陰謀と混乱が生じているのを知ると、エジプトの住民たちは自由のために立ち上がることを決めた。ただちに軍を集めると、彼らはペルシアにたいし反乱し、ペルシア人のエジプト徴税役人を追放し、イナロスという名の人物を王に立てた。彼らは当初、在地の者たちから兵を募ったが、のちには他国からも傭兵《ようへい》を集め、かなりの規模の軍勢を整えた。

（ディオドロス『歴史叢書』一一・七一・三〜四）

これまでエジプトは、ダレイオスの治世初期やクセルクセスへの代替わりのタイミングで反乱の姿勢を見せてきた。今回の反乱もやはり、ペルシア王の死去がきっかけだったという。とくにクセルクセスはエジプト総督に王家の一員であるアケメネスを据えていたが、彼はおそらくクセルクセス死去後の後継者決めの関係で、一時的に本国に帰省していた。エジプト総督の不在も、反乱の後押しになったのだろう。

トゥキュディデスやヘロドトスといった文献史料によれば、イナロスは「リビア人」だったという。それと同時に、「プサメティコスの息子」とも呼ばれており、サイス朝とのつながりも意識されていたようである（サイス朝にはプサメティコスの名を持つ王が三人いた）。また、イナロスはエジプト人の共謀者として、アミュルタイオスなる人物を持っていた。イナロスとアミュルタイオスの両者は、ペルシアからの独立を果たすための同盟者として、アテナイを選んだ。アテナイ側もちょうど東地中海を舞台にペルシアと覇権争いをくり広げていたところで、利害の一致で救援要請を受け入れて、キプロスに遠征中の艦隊をエジプトへと派遣した。

前四五九／八年、ペルシアは反乱鎮圧にむけてエジプト総督アケメネスの指揮のもと、軍隊を派遣する。ダレイオスやクセルクセス治世下でのエジプト反乱は、戦闘らしい戦闘がおこなわれないままに収束したため、今回の遠征は、カンビュセスによる征服以降で最初の、エジプトにおけるペルシアの本格的な軍事活動になる。しかし、第一次の遠征軍はエジプトの反乱軍に敗れ、指揮官で王族のアケメネスも失ったうえ、生存者らはメンピスの「白亜城」と呼ばれる城砦へと追いやられた。

その後の前四五六／五年にペルシアはさらなる規模で新たな遠征軍を組織し派遣すると、ペルシア軍が勝利し、今度は反対にエジプトとアテナイの連合軍をナイル・デルタの川中にある要塞島へと追い込んだ。ここで籠城戦が展開されるが、最後はイナロスが捕まって処刑され、アミュルタイオスは生きのびて自身の所領を守った（イナロスはアミュルタイオスによってペルシア軍に売られたとも推測されている）。かくしてイナロスの反乱は鎮圧され、エジプトはふたたびペルシア領となった。

「長いペルシア戦争」と「エウリュメドンの壺」

ダレイオスによる北ギリシアへのマルドニオス軍の派遣（前四九二年）、あるいはダティス指揮下のギリシア本土侵攻（前四九〇年）によって始まったペルシア戦争は、前四八一年からおこなわれたクセルクセスの親征で頂点に達した。このときの戦争では、サラミス、プラタイアの陸海の戦いにペルシア軍が敗れ、ギリシア本土から撤退した。これをもって、ペルシア軍による対ギリシア遠征という意味でのペルシア戦争は終結する。しかし、その後もギリシア都市とペルシア帝国間の武力衝突は止むことなく、攻守を入れ替えて継続していった。

ペルシア軍がギリシア本土から撤退したのち、将来のペルシア軍再来を防ぐために、ギリシア諸都市はアテナイを盟主とした軍事同盟、すなわちデロス同盟を結成した（ギリシア諸

5－1 「エウリュメドンの壺」

都市のもう一方の雄スパルタは、この企画から早々に手を引いている）。その後の前四七〇年代から六〇年代にかけて、アテナイはペルシア帝国の軍事拠点を叩くために、ギリシア北部、エーゲ海、東地中海にかけての広範囲で軍事活動を展開した。前項で述べたイナロスの反乱にアテナイ軍が加担したのも、その延長線上にある。この「長いペルシア戦争」の頂点は、前四六〇年代前半のエウリュメドンの戦いだった。

アナトリア南岸のパンピュリア地方を流れるエウリュメドン川付近でおこなわれた陸海の両戦闘で、アテナイ軍は激戦のすえにペルシア軍を打ち負かした。この戦いが重要なのは、その結果だけではない。戦争をモチーフにした壺絵が残っており、そこから当時の人々の意識を読み取れるのだ（５－１）。

問題の壺絵は前四六〇年頃にアッティカ（アテナイを中心とする地方）で作製された赤像式のオイノコエ（徳利《とっくり》）に描かれており、一方の面にはペルシア風の軍服を着た男が、ひょうきんなポーズでこちらを見ながら、尻を横に突き出している。その尻の先、つまり壺の反対側では、ギリシア風のマントを着けた男が、右手で勃起《ぼっき》したみずからの男根を握っている。そして、現物もしくは高解像度の写真でないと見ることができないのだが、ギリシア人男性の口元からは「おれはエウリュメドン」と始まるせりふが書かれている。この「エウリュメドンの壺」と呼ばれるオイノコエの図像からは、男性的なギリシアが男らしさに欠けるペルシアを性暴力のように犯してやったのだという、当時のアテナイ人らの勝ち誇った自意識を読み取れよう（ギリシア人が男らしさ／女らしさの対比とからめて異民族を理解していた点については、前章の「バルバロイの発明」の項を参照）。

カリアスの和約――「長いペルシア戦争」の終わり

それでは、この「長いペルシア戦争」はいつ終結したのかといえば、とりあえず前四四九年とされている。一説によればエウリュメドンの戦いの結果（ただし、この場合は時間的な隔たりが問題となる）、あるいは前四五〇年にキプロス島を舞台におこなわれたアテナイ軍とペルシア軍の衝突の結果、前四四九年にアテナイの代表とペルシア王アルタクセルクセス一世のあいだで終戦条約が締結された。その条約は、アテナイ側の使節の名を取って、カリアスの和約と呼ばれる。

カリアスの和約の内容について、もっとも詳細な記述を残すディオドロスの史書によれば、ギリシア諸都市とペルシア帝国のあいだで「国境線」の引き直しがなされた。しかも、その「国境線」は、アナトリアのエーゲ海岸から内陸にむかって徒歩で三日のところに引かれ、それよりも西側に居住していた大半のギリシア人はペルシア帝国の支配から脱せられたという。もしこの条項が真実ならば、外交交渉でのアテナイの快勝を意味した。

しかし学界ではカリアスの和約の実在をめぐって、真っ向から意見が対立していた。和約否定論者の最大の根拠となるのが、カリアスの和約がギリシア語の史料に登場するのは和約締結から七〇年が経った前三八〇年以降であって、同時代史料、なかんずく信憑性の高いトゥキュディデスの歴史書が和約の存在をまったく無視しているという不可解な事実である。彼ら否定派によれば、カリアスの和約はアテナイの過去を輝かしく見せるために創り出された、虚構の条約となる。

一方で、同時代人のヘロドトスは、和約自体にこそ言及していないものの、前五世紀のなかばにカリアスがアテナイの使節として帝都スサに赴いたと記している。状況証拠になるが、アテナイのアクロポリス再開発が前四四七年に始まったことも見逃せない。アテナイのアクロポリスは、クセルクセスの遠征時に焼き討ちにされ、当時建設中だった「古パルテノン」もいったん灰燼《かいじん》に帰した。その後、ペルシアに荒らされたギリシアの諸聖域はしばらくのあいだ、戦争遺構のように保存されていたらしいが、このタイミングでのアクロポリスの再開発は、ペルシアとの戦争に一区切りがつけられたことを示唆しよう。これらを踏まえると、和約をまったくのでたらめとして切り捨てることもまた、ためらわれるのである。

カリアスの和約をめぐる問題は、⑴和約は実在したのかどうか、⑵実在したとして、ペルシア帝国の「国境線」の引き直しはあったのかどうか、という二点に整理しなければならない。そして、前者の論点について筆者は、公式の条約か非公式の了解かは問わず、この時期にアルタクセルクセス一世とアテナイのあいだで、休戦にかんする何らかの取り決めがなされたと推測している。しかし、その後もペルシア大王が「国境線」の外側も自国領のように扱った事例が見られることから、ペルシア帝国に圧倒的に不利な「国境線」は設定されなかった、あるいは少なくともペルシア側には領土喪失の意識などさらさらなかったとも考えている。

史料状況に鑑《かんが》みれば、おそらくカリアスの和約の実在性について、将来にわたっても確たる結論を出すことは不可能だろう。それと同時に、前四五〇年頃を境に、アテナイとペルシア軍の直接の武力衝突が収まったのも、また事実である。ここに来てペルシア帝国とギリシア諸都市との関係は、ペルシア軍による対ギリシア遠征、アテナイ軍によるペルシア領侵攻を経て、新たなフェーズへと突入していく。

テミストクレスの亡命

カリアスの和約が(もし実在したならば)「長いペルシア戦争」に公的な終止符を打ったのと同様、アルタクセルクセス一世の治世初期には、ギリシア遠征からの時代の移り変わりを象徴するような出来事が起きた。それが、かつてクセルクセスの野望を打ち砕いた、アテナイ人テミストクレスのペルシア亡命である。

サラミスの海戦で活躍したテミストクレスは、ギリシア本土からペルシア軍が撤退したのちもしばらく権勢を振るっていたのだが、民衆の嫉妬や反感を買い(むろん民衆の後ろには、テミストクレスを快く思わない、彼の政敵らがいた)、陶片追放にあって祖国から追放された。

ちなみに陶片追放とは、古代アテナイに存在した、強大すぎる権力者の出現を未然に防ぐための制度で、市民が追放者を決めるさいに「投票用紙」として陶器の欠片《かけら》が用いられたことから、この名で呼ばれた。追放期間は永久ではなく、対象者は一〇年間を国外で過ごしたのち、祖国への復帰を許された。テミストクレスも当初、ギリシア本土の有力都市アルゴスで亡命生活を送りつつ、政界復帰の夢を思い描いていただろう。しかし、彼が不在のうちに祖国アテナイでは、テミストクレスが敵国ペルシアと裏で通じていたのではないかという疑惑が持ちあがり、彼は裁判にかけられることになった。ここからテミストクレスの一大逃避行が幕を開ける。

アルゴスを離れたテミストクレスは、行く先々でアテナイからの追手をまきながら、西から東へと逃げまわった。そして、とうとうアナトリア西岸にたどり着くと、そこで彼をかくまった地元名士の伝《つて》を頼って、アルタクセルクセスと面会すべく、帝都スサへと上っていった。道中、素性がばれないように、女の振りをして覆いのかけられた女性用の馬車を利用したという。

緊張はペルシア大王の御前で最高潮に達した。アルタクセルクセス一世（まだ代替わりする前のクセルクセス時代だったとの説もある）に自身がテミストクレスだと名乗り出た彼は、ペルシア帝国の怨敵《おんてき》ということで、その場で処刑されても仕方なかったはずである。しかし、アルタクセルクセスは反対にテミストクレスの亡命を喜んで、アナトリア西部の三都市を与えて彼を寵愛した。

かつて救国の英雄であった自分に、恩を仇で返すような仕打ちをした祖国アテナイに愛想を尽かしたのだろう。もはやアテナイに戻る気もなくなったテミストクレスは、ペルシア語をマスターし、アルタクセルクセスとも友人として親しく交際し、息子にはペルシア風の教育を与えた。ペルシア帝国ではギリシア関連問題の相談役を務めながら、悠々自適に暮らしていたが、最後は病死とも、また思うところあって自殺したとも伝えられる。墓は、王からもらいうけた都市の一つであるマグネシアに築かれた。

旧約聖書におけるペルシア王

本書のこれまでの叙述からも明らかなように、ペルシア王とペルシア人の事績を知るうえで、古代ギリシア語で書かれた文学作品の数々は必要不可欠の文字史料となっている。しかし、帝国の周縁からペルシア王の挙動に興味関心を抱いたのは、ギリシア人だけではない。パレスチナを中心に活動したユダヤ人らもまた、同じペルシア帝国内に住まう者として、ペルシア王の政策に無関心ではいられなかった。それゆえ、彼らの信仰のより所であり、自民族の壮大な歴史絵巻でもある旧約聖書には、しばしばペルシア大王がその姿をのぞかせる。

旧約聖書は大きく分けて、「律法書（モーセ五書）」、「歴史書」、「文学書」、「預言書」の四部から構成されるが、「歴史書」のなかでも「エステル記」、「エズラ記」、「ネヘミヤ記」の三書は、全編をとおしてペルシア帝国を舞台に物語が展開する。そのうち、クセルクセス王の妃の地位へと上りつめたユダヤ人女性エステルを主人公とした「エステル記」は、細部に史実が反映されているとしても、全体としては歴史に取材した創作説話ではないかとの意見も根強い。たいして「エズラ記」、「ネヘミヤ記」は、より歴史叙述としての性格が色濃く、当時の被支配民から見たペルシア王の理解にとって有益である。そこで以下では、両書の内容を分析する前に、まずはペルシア帝国の支配下に入るまでのユダヤ人の歴史を駆け足でたどろう。

前一一世紀の後半にサウルを王とし、パレスチナの地にヘブライ（ユダヤ）人の統一された王国が形成された。しかし、この統一王国は長く続かず、三代目の王ソロモンの死後に、北部のイスラエル王国と南部のユダ王国に分裂する。新アッシリア帝国が勢力を拡大していく前九世紀以降、パレスチナのヘブライ人国家もたびたび侵攻にあい、北部のイスラエル王国は前七二二年、アッシリア王サルゴン二世の猛攻によって征服されてしまう。かたや南のユダ王国は、北王国が消滅したのちも、アッシリアの属国というかたちで生きのびた。

しかし南王国も、新アッシリア帝国に代わってシリア・パレスチナを領有した新バビロニア王国の支配に抵抗したため、バビロニア王ネブカドネザル二世に侵攻される。前五九八年に首都エルサレムが占領されると、王ヨヤキンをはじめ、ユダ王国の支配階級にあった者たちは、捕虜としてバビロニアに連行された。「バビロン捕囚」と呼ばれる事件である。それでもユダ王国は抵抗をやめなかったために、バビロニアは再度の侵攻をおこなった（前五八七年）。これによってエルサレムは徹底的に破壊される。城壁は破却、王宮と神殿（ソロモンの第一神殿）は炎上、神殿に置かれていた聖なる器物が持ち出され、エルサレムの都市民はバビロニアへと連行された。

バビロニアの捕囚民は異国の地で故郷の生活様式と伝承の保守に努め、パレスチナに残された多くの民衆もまた、指導者を失ったなかで従来からの生活を続けた。一方で、イスラエル王国とユダ王国の滅亡後、パレスチナには外国からの植民者が流入し、彼らはそこに新しい自分たちの精神的・宗教的伝統を持ち込んでいった。キュロス二世が新バビロニア王国を征服し、ペルシア帝国がシリア・パレスチナの新たな支配者となったとき、ユダヤ人らは以上のような歴史を経験していた。

「エズラ記」と「ネヘミヤ記」

「エズラ記」、「ネヘミヤ記」の二書は、ともにアルタクセルクセス一世の時代に活躍したユダヤ人男性の名を冠している。この二書は、ヘブライ語版の聖書では一書として扱われ、内容に明らかな連続性が認められる。「エズラ記」の導入部では、キュロスがペルシア帝国を築いてからエズラとネヘミヤの二人が登場するまでの経過が、前史として語られる。まずは該当箇所を要約しよう。

キュロスはナボニドス治下の新バビロニア王国を征服すると、ネブカドネザルによって破壊されたままとなっていたエルサレムの神殿の再建を許可する布告を出し、それにともないバビロニアに強制移住させられていたユダヤ人らの捕囚を解いた。彼らはパレスチナに帰還すると、ユダヤ教の礼拝を再開し、神殿再建のための基礎工事に着手した。しかし、イスラエル王国とユダ王国の滅亡後にパレスチナに流入してきた異教徒たちは、ユダヤ人の動きを警戒し、土地の参議官を買収して、神殿再建の計画を妨害してきた。そのため、ダレイオス一世の時代まで工事は中断された。

ダレイオスが王位に就いて二年目のとき、ユダヤ人らは奮起して神殿建設を再開した。すると、査察に訪れたシリア総督がこれを不審に思い、ダレイオスに問い合わせた。これを受けてダレイオスが帝国の文書館を調べさせた結果、神殿再建の許可がたしかにキュロスによって出されていたことが判明し、工事の継続にペルシア王のお墨付きが与えられた。かくしてダレイオス治下の前五一五年、エルサレムの神殿（「第二神殿」）が竣工したのである。しかし、神殿完成によってユダヤ人の宗教コミュニティが完全に回復したわけではなかった。

そして時は流れ、アルタクセルクセス一世の治世になり、いよいよ主役二人の登場である。「モーセの律法に造詣《ぞうけい》の深い学者」にして祭司であったエズラとアルタクセルクセスの酌《しゃく》小《こ》姓《しょう》を務めていたネヘミヤはともに、キュロスによってバビロン捕囚が解かれたのちもメソポタミアに残ったユダヤ人の子孫であった。彼らは故郷の共同体を改革すべく、この時代になってからエルサレムへと下っていった。そのさい、彼らはアルタクセルクセスからさまざまな特権を認められた親書を携えていた。ネヘミヤはユダヤ総督に就任し、異教徒らによる妨害と暗殺の危険にさらされながらも、わずか五二日間でエルサレムの城壁再建をなし遂げた。彼はさらに、人口と家系の調査をおこない、当時おざなりになっていた安息日の休息も厳格に守るように指示した。

律法学者エズラがおもに取り組んだのは、ユダヤ人男性と異教徒女性のあいだの雑婚問題である。エズラは神に祈り、会衆を説得することで、異教徒の女性らとの離縁に同意させた。また、彼は総督ネヘミヤと協力し、民の前で律法を朗読し、ユダヤの古い儀式を復活させたのである。

ユダヤ人から見たペルシア王

旧約聖書の両書、とりわけ「エズラ記」の重要性は、キュロスからアルタクセルクセスまでのペルシア王の公式文書が保存されていることにある。まずは、新バビロニア征服直後に、キュロスが帝国全土のユダヤ人にたいし発した、エルサレムの神殿再建にかんする布告を引用しよう。

「ペルシア王キュロスはこう言う――地上の全王国を天の神ヤハウェは私に賜わった。彼はユダのエルサレムに彼の宮を建てるよう私に命じられた。お前たちの中で、彼の民に名を連ねる者はその神に伴なわれて、ユダのエルサレムに上り、イスラエルの神ヤハウェの宮を建てるがよい。彼はエルサレムにいます神である。また、あとに残る者は、どこに寄留しているかに関係なく、同郷の者〔でエルサレムへ上ろうという者〕を、エルサレムにあるこの神の宮の〔再建の〕ための随意の献品に加え、金銀、財物、家畜をもって支援せよ」（『エズラ記』一・二～四）

また、神殿再建が再開されるにあたり、ダレイオスが発した指令も直接引用されている。少々長めになるが、これも以下に引用しよう。

「さて、アバル・ナハラ〔シリア・パレスチナ地域――筆者注〕総督タテナイ、シェタル・ボゼナイならびにその同僚であるアバル・ナハラ地方の特使たち〔に命ずる〕。かの場所に立ち入ってはならない。かの神殿工事には干渉せず、ユダヤ人の総督とユダヤ人の長老たちにかの神殿を元のところに建てさせよ。その神殿再建に関して、これらユダヤの長老たちにどう対処すべきかについては、私から〔以下のような〕指令を発する。〔工事〕費用は王〔室〕収入、すなわちアバル・ナハラ地方からの貢納の中から正確に支出して、かの者たちに渡し、〔工事に〕遅滞なからしめること。その他にも必要とされるもの、天の神に全焼の供犠として供える雄牛、雄羊、子羊、さらに小麦、塩、葡萄酒、油はエルサレムの祭司たちの要請通り、毎日、落度なく給すること。彼らが天の神に芳《かんば》しい献《ささ》げ物を供え、王とその一族の長寿を祈るためである。さらに命じる。この命令に背く者はすべて、その家から抜き取られ、柱として立てられた木梁《もくばり》の上で突き刺される。またその家はこのゆえに瓦礫《がれき》の山とされる。〔この命令に〕背き、かのエルサレムの神殿に手出しし、これを破壊しようとする王あるいは民はすべて、そこに名を置く神〔ヤハウェ——筆者注〕に滅ぼし尽されよう。これは私ダレイオスが発した命令である。しかと実施せよ」

（「エズラ記」六・六〜一二）

これらの文書がはたして真正か否かについては、かまびすしい議論がある。文書の大半がヘブライ語で書かれた地の文のなかに、ペルシア帝国の公用語だったアラム語で引用されていること、またそこにはアッカド語やペルシア語からの借用語が見られることなどが、文書を本物だとする論拠となっている。他方で、ペルシア大王があまりにもユダヤ教の事情に精通していることから、「エズラ記」の作者による何らかの手が加わっているだろうとも推測されている。

改変の度合いを推し量ることは困難だが、旧約聖書をつうじて得られるペルシア大王のイメージは、つねにユダヤ人に寄り添い、ユダヤの宗教的コミュニティの建てなおしに協力する姿である。それゆえ、旧約聖書をもとに、ユダヤ人の歴史書をギリシア語であらわしたローマ時代の作家フラウィウス・ヨセフスは、ペルシア王クセルクセスを「ユダヤ人にたいしては最大で最高の敬意を払った」と評する。このことは、支配地域にたいして中央の文化を一元的に押しつけることなく、ローカルの宗教的営みにたいし寛容だったという、伝統的なペルシア王理解へとつながっていくのである。

ペルシア大王と宗教的寛容

かつてアケメネス朝ペルシア史の概説書では、ペルシア帝国ならびにペルシア大王は、被治民にたいし宗教的に寛容だったとの説明がしばしばなされてきた。このような理解には、前項で述べた、旧約聖書でのユダヤ人およびヤハウェ信仰にたいするペルシア王の姿勢のほかに、ペルシア大王自身の名による碑文の文言が寄与している。すでに第1章でも分析した

「キュロスの円筒形碑文」では、キュロスの支配がマルドゥクとナブーの二柱の神に愛され、キュロス自身も日々マルドゥク神を崇拝するように努力したと書かれている。また、ダレイオスがイオニア総督に送った書簡の写しとされる碑文では、アポロン神の聖域内の耕作地から税が徴収されることを禁ずるむねが記されている。このように、ペルシア王自身の言葉でも、王が被支配地域であるメソポタミアやイオニアの信仰に寄り添う姿がアピールされているのだ。

反対に、ペルシア王が他者の信仰に厳しい態度を取った事例も知られている。ペルシア帝国はイオニア反乱とその後のギリシア遠征のおり、ディデュマにあるアポロン神の神託所を焼き、デルポイへも略奪にむかい、アテナイのアクロポリスに建設途中であった「古パルテノン」を破壊している。またクセルクセスは、治世当初にバビロンの反乱を鎮圧すると、神域から黄金像を持ち出し、さらにはそれを制止した祭司を殺したという。ただし、これらは反乱への報復であって、宗教的寛容とは別次元の問題として解釈すべきだろう。

宗教的に寛容というイメージにたいし、「クセルクセスのペルセポリス碑文h」、通称「ダイワ碑文」は、明らかに反するペルシア王の姿を見せる。まずは、以下に問題となる箇所を引用しよう。

また、これらの邦々《くにぐに》［クセルクセスの支配地域――筆者注］のうちには、かつてダイワの崇められていたところがあった。そこで、アウラマズダーの御意によって、余はそのダイワ殿を破壊して布告した、ダイワは崇められてはならぬ、と。かつてダイワが崇められていたところ――そこにて余は、アウラマズダーを、天則に従いかつブラズマン（祭枝《さいし》）をもってまつった。（「クシャヤールシャン一世のペルセポリス碑文h」三五〜四一）

この碑文は、たとえば「天則に従いかつブラズマン（祭枝）をもって」と訳されている箇所について、訳者の伊藤義教氏が「いちおう、このように訳しておいたが異論の余地があり、この訳で問題がすべて解決したわけではない」と記しているように、解釈が非常に難しいことで有名である。したがって、文中に言及されている「ダイワ」が何を指すのかについても当然、侃々諤々《かんかんがくがく》の議論がある。しかし、細かい同定を別にすれば、「ダイワ」がアフラマズダ以外の何らかの神格をあらわすことは、文中から明らかであろう。そして、この碑文の引用箇所からは、クセルクセスが被支配地域に「ダイワ」に代わって、みずからの崇拝するアフラマズダ信仰を積極的に導入しようとの試みが浮き彫りになるのである。

このようなペルシア大王の宗教的に不寛容な政策は、考古資料からも裏づけられる。アナトリアにおけるペルシア帝国の支配拠点であったサルディスは、ペルシア時代以前からキュ

5-2　サルデイスの祭壇　筆者撮影

べべという女神信仰で有名だった。この都市はまた、市中を流れる川から砂金が採取されることでも知られていた。川岸には金の精製に感謝する目的で、キュベベに捧げられた祭壇が築かれ、祭壇の四隅にはキュベベの侍《じ》獣《じゅう》であるライオンの小像が置かれていた。しかしペルシア時代に入ると、この祭壇は火祭壇へと改造され、ライオンの像も粗石によって覆い隠されてしまったのである(5-2)。

このような事例を踏まえると、ペルシア大王が宗教的に寛容だったとするのは一面的な理解にすぎないだろう。ペルシア王はときとして支配地域のローカルな宗教的伝統を保存し、ときとして自身の帰属するペルシアのそれを押しつけた。帝国による支配と保護、そして被支配地域による自己保存とのせめぎ合いのなかで、ペルシア帝国内の各地で個々の文脈にそった、多様な社会と文化が成立していったのである。

アルタクセルクセス一世の最期と骨肉の後継者争い

アルタクセルクセス一世は前四二四／三年に死去した。前四六五年に始まった治世は四一年にもおよび、在位年数は歴代ペルシア王のなかで第二位の長さをほこった。死因はとくに伝えられていない（ということは、取り立てて記録に値する死因、すなわち暗殺ではなかったのだろうと推測される）。彼の治世は父王クセルクセスの暗殺による混乱のなかで始まったが、彼自身の後継者争いもそれと同様に、血を分けた兄弟どうしによる熾烈《しれつ》なものとなった。

クテシアスによれば、アルタクセルクセス一世と王妃ダマスピアとのあいだには「嫡《ちゃく》子《し》」が一人しかいなかった。名をクセルクセスという。ただ、ペルシアの王室には嫡庶の区別はなかったと考えられているため、「嫡子」という表現は、クテシアスが一夫一婦制を前提としたギリシア人の常識にしたがったがゆえの、誤用ではないかと推測される。あるいは史家は、クセルクセスを「嫡子」と呼ぶことで、生前よりアルタクセルクセス一世がクセルクセスを次期後継者に指名していたと言い表したかったのかもしれない。いずれにせよ父王の死去とともに、いったんはクセルクセスが即位した（クセルクセス二世）。

しかしクセルクセス二世の治世はたいへん短かった。アルタクセルクセスには、クセルクセス以外に、「非嫡出」の息子が一七人もいたと伝えられる。そのなかで最初に動いたのは、セキュンディアノス（あるいはソグディアノス）という名の人物だった。事の経過を、クテシアスはつぎのように記録する。

セキュンディアノスは宦官パルナキュアス……を味方に付け、ある祝祭日にクセルクセスが宮殿で沈酔したすきに、侵入して彼を殺した。それはクセルクセスの父の死から四五日後の出来事であった。そこで、〔アルタクセルクセスとクセルクセス〕親子の遺体はともにペルシア〔ナクシェ・ロスタムの墓所――筆者注〕に送られた。

（クテシアス『ペルシア史』断片一五・四八）

クセルクセス二世の暗殺で空位となったペルシア王の座は、彼を暗殺したセキュンディアノスが継いだ。しかし、セキュンディアノスには反対派も多かったようである。軍やエジプト総督などが別の「庶子」オコスを王へと担ぎ上げ、最初は乗り気でなかったオコス自身もそれを受け入れると、ダレイオス（二世）と名をあらためてセキュンディアノスと対決した。セキュンディアノスはこれに敗れ、処刑された。王位にあること、六ヵ月半だった。

クテシアスはこの事件が起きてから約一〇年後にペルシア宮廷に到着したことになっている。宮廷ではまだ当時の記憶が生々しく、勝者ダレイオスをたたえるような風説がささやかれていただろう。クセルクセス二世暗殺にダレイオスが関与せず、王位にも執着していなかったという描写は、クセルクセス殺しの罪をセキュンディアノス一人に擦《なす》りつけて、ダレイオスには有利に働く。とりわけ、クテシアスの重要なインフォーマントの一人が、ダレイオス二世妃のパリュサティスだったとするならば、ダレイオスを正当化しようとの意図はなおさらであろう。

ところが、バビロニア出土の粘土板には、クセルクセス二世、セキュンディアノスの治世への言及は皆無で、アルタクセルクセス一世からダレイオス二世への政権移行がスムーズになされたかのように見える。こうした矛盾はどのように解消されるのだろうか。クテシアスの記すお家騒動はまぼろしだったのか。あるいは別の合理的な解釈が成り立つのだろうか。結論を先取りするならば、この現象は、バビロニアがこの争いでダレイオス陣営についたことを示すと理解されている。

バビロニアの総合企業

一九世紀末、アメリカの調査隊がバビロニアの都市ニップールを発掘したさい、ある住居址《し》の床から、大量の粘土板文書が発見された。これらは、当地で成功した企業家一家が残した、彼らのビジネスにかかわる記録であった。文書群はその一家の名にちなみ、ムラシュ家文書と呼ばれている。

ムラシュ家文書は七〇〇枚以上の粘土板からなり、その多くは前四四〇年から前四一六年、すなわちアルタクセルクセス一世・ダレイオス二世の治世と重なる。一家の当主はムラシュだが、現存する文書群の大半はムラシュの子世代の経済活動にかんする記録となっている。文書からはムラシュ家が幅広いビジネスを手掛けていたことがわかる。

ムラシュ家の第一の事業は不動産の仲介である。一家は大土地所有者から土地の管理を委託され、それを第三者に農耕地として貸し出してリース料を受け取っていた。顧客にはアルタクセルクセス一世の母后アメストリスと思しき女性や、ダレイオス二世の王妃パリュサティス、エジプト総督で王族のアルサメスといった人物の名も確認されている。アケメネス朝ペルシアの王族やエリート貴族は帝国各所に分散して土地を所有したことが知られており、ニップール近郊ではその管理をムラシュ家に委託していた。また、王族個人の所領とは別に、王室所有の不動産もあり、とくに公共性の高い灌漑用水路がこれに当たる。ムラシュ家は農業用水の使用権のリースにもかかわっていた。

第二の事業は銀行業で、一家は土地を抵当に、ローンの貸し付けをおこなっていた。そして、文書には直接あらわれてこないが、小売業にもたずさわっていたようである。ムラシュ家が土地の借り手から受け取る地代はしばしば現物で納められていた。一方で、ムラシュ家から地主への支払いは銀納だった。したがって、ムラシュ家は現物の農産品を銀へと換金する、何らかの手段を持っていたはずである。おそらく彼らは農地からもたらされた生産物を都市の住民に売ることで、現金を得ていたのだろう。このようにムラシュ家の経営は不動産業、銀行業、小売業と多角化していたのである。

「ムラシュ家文書」とダレイオス二世の即位

前述のとおり、ムラシュ家文書をふくむバビロニア出土の粘土板では、アルタクセルクセス一世の死去直後からダレイオス二世の在位初年として数えられており、まるでアルタクセルクセス一世の後継者をめぐる混乱は生じていないように見える。しかしながら、ムラシュ家文書について浩瀚《こうかん》な研究書を著したストルパーの分析によれば、ダレイオス二世の治世初年にムラシュ家が土地を抵当にしたローンの貸し付けを多くおこなっているとの変化が読み取れるという。このことは、ダレイオスが政権獲得のさい、バビロニアを勢力基盤の一つとし、またバビロニアも彼を支持し、資金調達にも積極的だったとの推測に結びつくのである。

じつは、アルタクセルクセス一世とダレイオス二世の治世は、ペルシア帝国内でのバビロニアの地位が変化した時期でもあった。キュロス二世による新バビロニア王国征服以来、バビロニアはペルシア帝国の被支配地域だった。そして、ダレイオス一世とクセルクセスが即位したさいには、代替わりのタイミングを見計らって、バビロニアは反乱を起こしている。

しかしクセルクセスによる反乱鎮圧以降、バビロニアが再度反乱を起こした確たる記録は残っていない。

つづくアルタクセルクセス一世は多くの女性を妻に持ったが、そのうち少なくとも三人はバビロニア出身の女性だった。ダレイオス二世は、そのうちの一人コスマルティデネを母として生まれ、のちに彼の妻となる異母姉妹のパリュサティスも、バビロニア人女性を母としていた（ダレイオス二世と王権を争った異母兄弟セキュンディアノスもバビロニア人女性から生まれた）。ダレイオスは政権獲得時だけではなく、最期のときもバビロンで迎え、パリュサティスも一時期、息子のアルタクセルクセス二世と険悪な関係に陥ったさいには、同地に隠棲《いんせい》した。彼ら夫婦はいずれも人生の重要な局面で母の出身地に戻ったのである。

被征服地としてペルシア帝国に組み込まれたバビロニアは、いつのまにか帝国を動かす側へと変貌を遂げた。ムラシュ家文書というミクロな史料から垣間見える社会にも、このような帝国全体のマクロな動きとのつながりが読み取れるのである。

ペロポネソス戦争への介入

ダレイオス二世の治世（前四二三〜四〇五／四年）は、ギリシア史の文脈ではほぼペロポネソス戦争（前四三一〜四〇四年）と時代が重なる。ペロポネソス戦争とは、デロス同盟を足掛かりに広くエーゲ海に帝国主義的な支配を築いたアテナイと、それに敵対するスパルタを中心としたペロポネソス同盟軍との、言ってしまえばギリシア諸都市どうしの内輪もめである。しかしながら、この戦争をきっかけに、前五世紀なかばに武力衝突から休戦へと移行したペルシア帝国とギリシア諸都市との関係は、また新たな段階へと突入していく。

古代のギリシア本土では長らく、戦争は陸戦を基本とした。武器防具を自弁できる市民（その多くは農民）が兵士となり、農閑期に短ければ数日で勝敗を決めたのである。しかし前五世紀に入ると、戦闘の比重が伝統的陸戦から海戦へとシフトした。海戦は、陸戦とは比べものにならないほど軍事費がかさむ。まずは戦艦を建造しなければならない。いったん作った戦艦は、その後もたえず艤装《ぎそう》（メンテナンス）しなければならない。そして、いざ戦争になれば、船には二〇〇人の船員が乗り込み、彼らの手当てを支給しなければならない。また、いったん沖に出れば、数ヵ月にわたって航海することもあった。

アテナイはこの膨れ上がる軍事費を、デロス同盟から吸い上げた資金によって賄うことができた。一方で、伝統的に陸軍国家であったスパルタには、戦争当初から資金難が大きな課題となった。そこでペロポネソス同盟側の打ち出した奇策が、かつての敵国ペルシアに資金援助を請うというものだった。早くもペロポネソス戦争開戦の翌年（前四三〇年夏）には、アルタクセルクセスのもとにスパルタからの使節が複数人派遣されている。そのさいは意思疎通が成立せず、計画は実を結ばなかった。

だが、前四一三年にアテナイがシチリア島への遠征に失敗し、その勢いに陰りが見えはじめると、アテナイを叩《たた》き潰《つぶ》したいスパルタと、アナトリアからのアテナイ勢力の完全排除をもくろんだペルシア帝国のあいだに、ウィン・ウィンの取引が成立した。アナトリアのギリシア系諸都市にたいするペルシア帝国の宗主権を認めさせることと引き換えに、スパルタを経済的に援助する条約が結ばれたのである。その後の紆余曲折を経て、最終的にペロポネソス戦争の勝者となったのは、ペルシアの支援したスパルタだった。しかし、この勝利が真に意味するのは、ギリシア諸都市間争いにおけるパトロンとしてのペルシア大王の誕生だった。

ペロポネソス戦争は前四〇四年に終結した。偶然にも同じ年、ダレイオス二世も病気で息を引き取った。王位にあること約二〇年。彼がペロポネソス戦争の結末を知りえたかは不明である。

第6章　文献史料に恵まれし長寿の王
――アルタクセルクセス二世

プルタルコスの『アルタクセルクセス伝』

紀元後一世紀から二世紀のギリシア語作家プルタルコスは、『英雄伝』あるいは『対比列伝』と呼ばれる、長大な伝記作品を残したことで知られる。ローマ帝国下のギリシアに生きた教養人だった彼は、ギリシアとローマの「英雄」を「対比」させながら、一連の伝記を著述した。たとえば、アテナイの統合者であるテセウスには、ローマの建国者であるロムルスが、またギリシアの偉大な征服者であるアレクサンドロスには、ローマの英傑カエサルが対置されるといった具合である。しかし『対比列伝』には、誰とも「対比」されず、しかもギリシア人でもローマ人でもない――そして、おそらく「英雄」とも呼べない――人物が、一人だけふくまれている。それがアルタクセルクセス二世である。

プルタルコスがアルタクセルクセス二世を題材に選んだ理由には、主人公の人となり以上に、クテシアス『ペルシア史』をはじめとして、作家が利用できる文献（その多くは現在までに散逸している）に恵まれていたことが大きかろう。キュロスやダレイオスといった「英雄」ではなく、このかなりマイナーなペルシア王の伝記が残ってくれたおかげで、われわれは凡庸な人間が凡人なりに、ペルシア大王としていかに地上世界の統治にむき合ったかを知る手がかりを得るのである。

王子時代

アルタクセルクセス（即位前はアルサカスか、それに類する名）は、ダレイオス二世を父、パリュサティスを母とし、彼らの長男として生まれた。それは父が王位に就く以前のことだった。王位に就いたのちに生まれた弟に、キュロス（キュロス大王と区別する場合は、小キュロスと呼ばれる）がいた。ダレイオスとパリュサティスのあいだには一三人の子どもが生まれたが、四人の男児と一人の女児をのぞいては、全員が夭折《ようせつ》してしまったという。王家という最上級のエリート家庭ですら六割強という乳幼児死亡率の高さが、なんとしても男子の血統を絶やさないために、ペルシア大王が多くの女性を妻妾《さいしょう》に持たなければならない理由だった。『アルタクセルクセス伝』では主人公が愛妻家のように描かれているが、それと同時に三六〇人もの妾《めかけ》がいたとも言われる。ちなみに、ダレイオス三世にも同数の妾がいたとされるので、三六〇というのは実際の人数というよりも、一年の象徴、すなわち夜伽《よとぎ》の相手が日替わりだったことを示しているのであろう。

アルタクセルクセスは、父王が存命中に妻を娶った。名はスタテイラといい、ヒュダルネス家の出であった。ヒュダルネス家は、ダレイオス一世が僭称王を誅殺したさいの協力者の後裔であり、王家とヒュダルネス家は互いに女性を嫁がせることで、強固に結びついていた。それと同時に、両家のあいだには緊張もあった。この婚姻同盟が形成されたのち、ヒュダルネス家の長男が王家に反乱し、反乱が鎮圧されるとヒュダルネス家は一族誅殺をこうむる。そのとき唯一粛清の手をまぬがれたのが、すでに王家の人ともなっていたスタテイラだった。しかし、スタテイラが生き残ったことによって、彼女の夫であるアルタクセルクセスの王家内での立場は微妙なものとなった。

前四〇五／四年、父ダレイオスは病による死を迎える。父が病床に伏すあいだに、息子たちは首都に呼びつけられた。このときの「首都」はバビロンであったが、これは先述のとおり、ダレイオスとパリュサティス二人の母親がともにバビロニア人だったことと関係していると思われる。このとき弟キュロスはアナトリアに赴任中で、自身が王に指名されると期待しながら、バビロンへ上がったという。兄がいるにもかかわらず弟がこのような期待を抱けたのは、ペルシア王家における長子相続制が確立していなかったことによる。また、母親のパリュサティスは弟キュロスのほうに肩入れしていたが、これは別に母親による兄弟差別ではなく、王家に反乱した家の女性を妻に持つアルタクセルクセスを排除したいという政治的な思惑もあったと推測される。しかしながら、ダレイオスの決断は、長男アルタクセルクセスを次期王に指名するというものだった。

ペルシア王即位にまつわる儀式

けっきょくダレイオスの死にともない、アルタクセルクセスが王位を継いだ。プルタルコスの『アルタクセルクセス伝』には、ペルシア王の即位時におこなわれた儀式にかんする貴重な記述が残っているので引用しよう。

ダレイオスの死後間もなくアルタクセルクセスは、ペルシアの祭司の手によって、王となるための秘儀を授かりにパサルガダイへとむかった。当地には、アテナに擬《なぞら》えることのできる、戦の女神の神殿がある。秘儀を授かる者はこの神殿へと足を入れ、自身の衣服を脱ぎ、初代のキュロスが王位に就く以前に着ていた衣服を着用することになっている。それから、イチジクから作られた菓子を口にし、テレビンの木をかじり、一杯のヨーグルトを飲む。

(プルタルコス『アルタクセルクセス伝』三・一〜二＝クテシアス『ペルシア史』断片一七)

秘儀は古式にのっとり、旧都パサルガダイでおこなわれた。そもそも秘儀なので、ここに記す以上の詳細は明らかとなっておらず、またそれぞれの手続きが持つ意味も難解である。しかし、ここでキュロスの衣服に着替えるというプロセスがあったことは注目に値する。アケメネス朝ペルシア史の文脈では、衣服を着替えることで王と臣下との社会的距離を生じさせたり、家族が王の衣服をねだったことが一因となって王弟の家系が断絶されたりと、王の衣服はしばしば王権の象徴として扱われるのだ。

この儀式のさなか、キュロスは兄王の暗殺を試み、失敗する。キュロスは捕縛され、処刑される寸前で、母パリュサティスの懇願によって助命された。しかし、これ以降キュロスは武力によって直接、兄の王位に挑戦する気になった。

クナクサの戦い——アケメネス朝史上最大の兄弟戦争

いったん暗殺未遂の罪が赦《ゆる》され、任地のアナトリアに戻ったキュロスだったが、彼はそこで偽の名目を立ててギリシアから兵を募った。それにアテナイから応じた人物に、軍人にして歴史家のクセノポンがいた。キュロス直属のペルシア人とギリシア人傭兵の混成部隊はアナトリアから進発し、首都を目指してペルシア帝国領を横断する。そして、ユーフラテス川畔のクナクサ村近郊でついに、兄アルタクセルクセスひきいる王軍と直接対決にあいなった（前四〇一年）。

クナクサの戦いは文献史料に恵まれた出来事である。攻めるキュロス軍にはクセノポンがおり、彼は帰国後に自身の体験をもとに、戦場ルポルタージュの古典的名著である『アナバシス』（アナバシスとはギリシア語で「内陸へ上る」という意味）を書き上げた。対するアルタクセルクセス軍には、ペルシア宮廷で医師を務めていたクテシアスの記述が、プルタルコスの『アルタクセルクセス伝』を経由して伝わっている。両陣営に所属した二人のギリシア人のおかげで、戦闘の経過を詳細かつ立体的にとらえることが可能となる。

戦いの当初はキュロス軍が優勢で、キュロスはアルタクセルクセスの目の前まで到達し、兄弟あい見《まみ》えた。このときキュロスの投げた槍《やり》がアルタクセルクセスの鎧《よろい》を貫通し、胸に傷を負ったことで、兄はいったん戦場から離脱する。アルタクセルクセスが後方で治療を受けているあいだに、陽は傾き、顔の識別が困難となった。このような状況で、ミトリダテスという名のペルシア人兵士が、相手がキュロスだと気づかないままに槍を投げる。すると、彼のこめかみに当たって、傷口から大量の血が流れだした。めまいを起こして落馬したキュロスが、宦官らに支えられながら歩いているところ、今度は夕闇でキュロス軍に紛れてしまった大王軍の下級兵士が背後から槍を投げ当てる。ふくらはぎを傷つけられたキュロスは思わず倒れこみ、その場にあった石に頭をぶつけて絶命する。こうしてキュロスは混乱のなかで、本人もおそらく何が起きたのかよくわからぬままに命を落とした。

このようにクナクサの戦いは、大王アルタクセルクセスが戦線離脱中に決着する。しかし、戦後にアルタクセルクセスは、戦場では兄弟の決闘があり、その結果、王自身の手で弟を誅殺してやったのだと主張した。そして公式見解にとって不都合な、真相を知る人物を順次始末していった。こうした努力が実ったのであろう、事件から半世紀以上のちに執筆されたディノン作の歴史書『ペルシア史』（ギリシア語作品）では、この公式見解がきちんと採用されている。かくしてペルシアの玉座はアルタクセルクセスのものと定まった。

エジプトの独立

小キュロスとの兄弟対決のあいだ、アルタクセルクセス二世はみずから積極的に攻撃へ出ることはなかった。兄王が軍の編制に取り掛かったのは、弟のキュロス挙兵の知らせを受けてからのことだった。プルタルコスの人物評によれば、アルタクセルクセスはよく言えば温和で寛容、悪く言えば愚鈍であって、『アルタクセルクセス伝』では、彼がこの性格ゆえ鷹《おう》揚《よう》に構えていたようにも読み取れる。しかし、王が軍をすぐに動かせなかったのには、おそらく性格以外の、より現実的な理由があった。エジプトの独立問題である。

エジプトが反乱の狼煙《のろし》を上げたのは、先代の王ダレイオス二世の治世最末期だった。前回のイナロスの反乱時には、アテナイが同盟者として加担したために、トゥキュディデスという同時代の良質な文献史料に恵まれた。しかし、今回の反乱は独立成功という結果にもかかわらず、そこに至る過程にはなお不明な点が多い。

マネトン『エジプト史』の年代計算にしたがえば、前四〇五／四年に第二七王朝（ペルシアによる第一次エジプト支配期）は終わりを告げ、サイス出身のエジプト人アミュルタイオスによって第二八王朝が成立したという。これと合致するように、ナイル川上流の川中島であるエレパンティネから出土したパピルス文書は、前四〇〇年をアミュルタイオスの治世第五年として記録する。ところが、同じくエレパンティネ出土の文書では、それに先立つ前四〇四年から四〇一年までの四年間が、アルタクセルクセス二世の治世としてカウントされている。この不一致を現代の研究者は、アミュルタイオスが王として立ってから、エジプト全土を制圧するまでの時差だと推測する。すなわち、アミュルタイオスは前四〇五／四年、ナイル・デルタを拠点にペルシアからの独立をくわだてた。その後、徐々に勢力を拡大し、五年の歳月をかけて各地の親ペルシア派を排除しながら、上エジプトのエレパンティネまで到達したのだという。

アルタクセルクセスもこのような状況を静観していたわけではなかった。前四〇一年の段階で、シリア総督のアブロコマスなる人物に大軍をあずけ、フェニキアに駐留させていたのだ。しかし、アブロコマスはこの軍をエジプトに進めず、攻め寄せてくる小キュロスを前に、アルタクセルクセスの救援へと駆けつけた。かくして、ペルシアは制圧軍を派遣できないままに、エジプト独立を許してしまう。

カンビュセスによる征服から一二〇年ののち、王位継承時の混乱をうまく突いて、エジプトは念願の独立を勝ち取った。これに成功したアミュルタイオスだが、彼は先のエジプト反乱(イナロスの反乱)の共謀者と同じ名を持っていた。おそらくこれは偶然の一致ではなく、両者のあいだには実際の血縁があったか、あるいは少なくとも周囲はそれを意識しただろう。イナロスの場合にもサイス朝との連続性が示唆されたように、エジプトには反ペルシアの伝統のようなものが形づくられていたと推測される。以後、アルタクセルクセス二世からアルタクセルクセス三世治世なかばまで約半世紀にわたって、エジプト奪還はペルシア帝国の西方政策の最終目標となっていく。

大王の和約――地上世界の統治者としての責務

エジプトを喪失した一方で、ダレイオス二世時代のペロポネソス戦争以降、ペルシア大王はギリシア諸都市間争いのパトロンとなっていた。この役割は、アルタクセルクセス二世の時代にさらに加速する。

ペロポネソス戦争はスパルタの勝利に終わったが、それはただ単にアテナイに代わって、スパルタが帝国的な支配の座に就いたことを意味した。スパルタは、アナトリアにおけるペルシア帝国の宗主権を認めるというペルシアとの取引を無視し、アナトリアのギリシア諸都市を解放すべく、軍事遠征を展開した。ギリシア諸都市内でも、戦勝国側だったテバイやコリントスはスパルタの横柄な態度が気に食わず、また敗戦によって壊滅的な被害を受けたアテナイも、復興の機会を虎視眈々《こしたんたん》とねらっていた。このような状況下、ペルシア帝国から派遣された使節がギリシア諸都市をめぐり、軍資金を配って、対スパルタ戦争を誘発した（前三九五年）。これがペロポネソス戦争の第二ラウンドとなる、コリントス戦争である。

コリントス戦争中にペルシア帝国が最初に支援したのはアテナイだった。アテナイの将軍にコノンという人物がいる。彼はペロポネソス戦争末期に起きた負け戦（前四〇五年のアイゴス・ポタモイの戦い）の責任を取らされることを恐れ、戦場からアテナイに帰国せず、しばらくキプロス島に身を寄せていた。その後ペルシアとスパルタの関係が悪化していくのを見たコノンは、アルタクセルクセス二世にみずからを売り込むと、お雇い提督となってペルシア艦隊を指揮し、見事スパルタ艦隊を撃破したのである（前三九四年のクニドスの海戦）。その後、「凱旋《がいせん》将軍」として大手を振ってアテナイに帰国すると、ペルシア帝国の総督から下賜された資金を使って、ペロポネソス戦争敗戦時に破却されたアテナイの市壁を再建した。

コリントス戦争では、ペルシア帝国の支援先は一貫していない。アテナイとスパルタを交互に支援したあげく、最終的にはペロポネソス戦争時と同様、ペルシアの支援によってスパルタを勝たせた（前三八七年）。この戦争の講和条約は、スパルタ人使節の名にちなみアンタルキダスの和約と呼ばれるが、より一般的には「大王の和約」として知られる。同時代史家であるクセノポンの記述から引用しよう。

「アルタクセルクセス王は以下を正当なることと認める――アジアの諸ポリス、および島嶼の中ではクラゾメナイとキュプロスが余に帰属し、他のギリシア人ポリスは大小を問わず、独立したものとするが、レムノス、インブロス、スキュロスを除く。これら島嶼は、昔日のごとく、アテナイ人のものとする。いずれの陣営であれ、この和平案を受け入れないものに対しては、余は、これを受諾する者たちと共に、海でも陸でも、また艦船と軍資金をもって、戦を開くつもりである」

（クセノポン『ギリシア史』五・一・三一）

細かい条項はさて置き、ここで重要なのは、ギリシア諸都市の内輪もめにたいし、ペルシア大王が裁定者および監視者として前面に出ている点である。このことは何を意味するのだろうか。なぜ外国の小競り合いに、当事者ではないペルシア大王がわが物顔で首を突っ込まなければならないのか。

かつて、このようなペルシア大王の態度は、帝国統治の実利面から説明されてきた。すなわち、およそ一世紀前の対ギリシア遠征失敗以来、ギリシア本土の直接支配を諦《あきら》めたペルシア大王は、今度はアテナイなりスパルタなりが自国領に攻め入ることを警戒した。そのためには、ギリシア諸都市どうしが覇権争いをして、足を引っ張りあってくれるのが好ましい。また、ペルシア帝国にとっては当時、エジプト回復が最優先の対外事案で、その前提としてギリシアが不戦状態にあり、職を失ったギリシア人傭兵が市場にあふれてもらいたかったという。

ところが、このような伝統的な解釈ではペルシア大王の行動のいくつかがうまく説明されないことから、近年これに懐疑的な意見が出されている。たとえば、クニドスの海戦によってアナトリアの防衛がなされたのちも、アルタクセルクセス二世はエジプト遠征にむかわずコリントス戦争にのめり込むのだが、この方針は前記の仮説に適合しない。そこで登場したのが、ペルシア大王の理念からこれを説明しようとする研究である。

本書でくり返し言及してきたように、ペルシア大王はアフラマズダ神から、地上世界の統治を託されたと信じていた。たとえ現状ではペルシア大王の法がおよばない地域だったとしても、理念的にはギリシア諸都市も地上世界の一部である以上、ペルシア大王が統治してしかるべきである。したがって、ギリシア諸都市間の紛争をみずから裁定し監視することは、地上世界の統治者としてペルシア大王の負った重要な責務だったと見なすのだ。

「飼い葉桶の刑」

また別の角度からもペルシア大王の理念に迫ってみたい。アルタクセルクセス二世時代の宮廷に滞在したクテシアスの歴史書を読むと、そこには宮廷でくり広げられたさまざまな処刑の方法が紹介されている。斬首《ざんしゅ》、磔刑《たっけい》、串刺《くしざ》し、皮剥《かわは》ぎといったシンプルなものから、平たい岩のうえで頭をミンチ状に粉砕する、目をくり抜いて耳に溶銅を流し込む、灰を敷き詰めた部屋に落とす（死因は灰の熱による火傷《やけど》か窒息）、といったひと手間かけたものまで、ありとあらゆる手段が用意されている。その究極をなすのが「飼い葉桶の刑」である。どのような刑かを理解していただくには、史料をそのまま読むのが最善である。かなりグロテスクな描写なのだが、辛抱してお付き合い願いたい。

飼い葉桶の刑は、以下のように実行される。まず、お互いにかっちりと嵌《は》まる大きさの、二つの飼い葉桶を作っておき、処刑する人物を桶の一つに仰向けに寝かせる。次に、もう一つの桶を上から嵌め、頭、手、足は外に出るようにし、体の残りの部分はすっぽりと覆われた状態で、二つの桶をしっかりと固定する。それから、食事は与えるのだが、もし嫌がったとしても、目をつついて無理やりにでも飲み込ませる。食事を与えた後は、乳と蜜《みつ》とを混ぜ合わせたものを飲ませ、口のなかにも流し込んで、顔中にもそれをこぼす。それから、顔がいつも太陽に正面をむくように桶を動かすと、蠅《はえ》の大群が飛んできて、顔面を完全に覆いつくすように止まる。飲み食いをした人間がどうしてもしなければならないことがあるので、桶の内部では排泄物《はいせつぶつ》が朽ちて腐ると、そこから蛆虫《うじむし》や寄生虫が発生して、それが体内に侵入してくると、〔内側からも〕体が蝕《むしば》まれる。すでに死んだ頃合いを見計らって上蓋《うわぶた》の飼い葉桶を外すと、肉が完全に食べつくされ、内臓の周りには虫の群れが餌《えさ》を目当てに、まとわりついているのを目にすることになろう。こうして一七日間体を蝕まれたのち、ミトリダテスはようやく死んだ。

（クテシアス『ペルシア史』断片二六・一六・三～七）

一読したところ、この処刑法は悪趣味の極致であって、そこにとりたてて積極的な意義は見出せないと思われよう。しかし、リンカンによる研究は、この処刑法をペルシア大王の統治の理念に照らして理解しようとする興味深い試みなので、ここで紹介したい。

まず、この処刑の対象となったミトリダテスについておさらいしておこう（彼の名は本書ですでに言及済みだが、おそらく読者は覚えておられないだろう）。彼は小キュロスがアルタクセルクセス二世の王位に挑戦したクナクサの戦いで、キュロスに最初の致命傷を与えた人物である。戦後の論功行賞では、ミトリダテスは本来の活躍によってではなく、キュロスの馬の鞍敷《くらじ》きを拾ってきたという謎の理由で、褒美にあずかる。それは、アルタクセルクセス自身がキュロスを打倒したという公式見解にとって、ミトリダテスの活躍が不都合だったことによる。当初ミトリダテスは不当評価を甘んじて受け入れていたが、ある酒の席でうっかりと、キュロスを倒したのは自分だったとの真相をばらしてしまう。これに怒ったアルタクセルクセスは、ミトリダテスを「飼い葉桶の刑」に処すのであった。

それでは、ミトリダテスの何が罪だったのか。むろん、アルタクセルクセスの自尊心を傷つけたこともあるが、彼の罪はそれ以上のものだった。アルタクセルクセスは本来、小キュロスという反逆者（「偽」）をみずからの手で誅殺することによって、自分自身が「真」であることを立証せねばならなかった。しかし、ミトリダテスは「偽」を倒したのは、王ではなく自分だと暴露してしまう。これは、じつはアルタクセルクセスが「真」ではなかっただけではなく、嘘までついていた（「偽」であった）と明かすことを意味した。ミトリダテスは、ペルシア大王が作り上げてきた真偽の二元論的世界秩序を揺るがしてしまったのである。

そこで選ばれたのが「飼い葉桶の刑」である。飼い葉桶は、きっちりと嵌まる構造によって、空間を外部と内部に二分する。外部の清浄な世界では、乳と蜜は甘美の象徴である。しかし、それが罪人に塗られると、蠅の大群に生まれ変わる。さらに桶の内部では排泄物、蛆虫、寄生虫といった不浄な世界が広がる。この刑を採用することにより、アルタクセルクセスは不浄で「偽」なるものを桶のなかに閉じ込め、清浄で「真」なる地上世界の秩序を回復させたのだという。

この解釈には、深読みのしすぎとの反論も出されている。しかし、これまではスキャンダラスなだけであまり価値がないとされてきた記述であっても、ここまでラディカルに読みなおしがされているのである。リンカンの所説は、近年のアケメネス朝ペルシア史研究の進展を示すよい一例であろう。

先に記したとおり、ペロポネソス戦争以来、ギリシア諸都市のペルシア帝国への依存度は増していく。それと相反するように、前四世紀に入るとギリシア人、とりわけアテナイ人の著作に、同時代のペルシア帝国は衰退した国家だとする言説が現出する。たとえば、クセノポンは『キュロスの教育』で、初代のキュロスを主人公とし、君主のあるべき姿を描いた。しかしながら、その最終章では「キュロスが死ぬと、彼の子供たちはすぐに争い、諸都城も諸種族もただちに離反し、すべてが悪くなっていった」と述べ、過去のキュロス時代と、クセノポンが体験した現在とが対比されつつ、いかに同時代のペルシア人が堕落しているかが書き連ねられている。それまでの章とはあまりにもトーンが違っているために、最終章はクセノポン以外の人物による偽作説までが出されるほどである。

同じような論調は、アテナイ人イソクラテスの著作にも見て取れる。イソクラテス本人は政治家ではないのだが（声が小さかったために政治家を諦めた）、政治家を志す若者を教育し、時事評論を書くことなどを生業としていた。イソクラテスの力作に『民族祭典演説（パネギュリコス）』という政治パンフレット（前三八〇年作）がある。そこで作者は、ギリシア諸都市は互いに覇権争いをしている場合ではなく、アテナイを盟主として、ペルシア帝国を打倒すべきと主張する。そして、その主旨にそうように同時代のペルシア帝国がいかに衰退しており、打倒するのも不可能ではないかがくり返し説かれるのである。

プラトン最後の対話篇『法律』（前三五〇年頃作）にもこのような思想が見られる。プラトンは本作で理想の国家像の建設を試み、その第三巻は理想の国制を探すために、他国の事例を比較する。そこで、プラトン自身の代弁者である「アテナイからの客人」は、ペルシアはキュロスとダレイオスの時代には見るべきものがあったが、カンビュセスとクセルクセスの時代に衰退した、というのもカンビュセスとクセルクセスはいずれも女性と宦官によって甘やかされて育ったので、まともな帝王学を身につけられなかったからだという。

当然ながら、このような言説はそのまま史実として受け入れられない。この時代のギリシア諸都市にとってペルシア帝国は、衰退した国家どころか、自分たちの覇権争いを決定づける要因として、じゅうぶんな存在感を放っていた。たしかに、アルタクセルクセス二世の時代にはエジプトという、帝国の重要な領土の喪失を経験する。しかし、次章で詳述するように、エジプトはアルタクセルクセス三世の時代に奪回されており、帝国の軍事力が衰えていなかったことが証明される。むしろこれらの言説はペルシア帝国を語っているように装いながら、ペルシア以外の何かを語るという、「オリエンタリズム」の一種として理解するべき現象だろう。著述家たちは、みずからの主張にそうように、ペルシア帝国の現実をゆがめていたのである。

アナトリアの「大総督反乱」

アルタクセルクセス二世治世の末期となる前三六〇年代後半、帝国西部のアナトリアでは総督らの反乱が相次いだ。この反乱の主要な史料となるディオドロスの『歴史叢書』では、つぎのように述べられている。

〔前三六一年に〕アジア沿岸部の人々がペルシアから離反し、幾人かの総督や将軍が暴動を起こし、アルタクセルクセスに戦争を仕掛けた。同時にエジプト王タコスもペルシアと戦うことに決め、戦艦を準備し、歩兵を徴募した。

（ディオドロス『歴史叢書』一五・九〇・一～二）

反乱に参加したと考えられている人物は以下のとおりである（職位については異論もあるが、とりあえず史料上にあらわれるとおりに記す）。最初に反乱を起こしたのはカッパドキア総督のダタメスで、ついでミュシア総督のオロンテスも反乱した。ダタメスはヘレスポントス・プリュギア総督のアリオバルザネスと手を組み、さらに当時ペルシアから独立していたエジプト王タコスも参戦する。リュディア総督のアウトプラダテスは当初ペルシア大王側に残り、カリア総督のマウソロスとともにダタメス・アリオバルザネス連合軍の討伐にむかったが、失敗。以後、アウトプラダテスも反乱鎮圧に尽力することなく、休戦状態で事態を静観する。しかし、反乱は内部から裏切り者が出たことで、あっけなく瓦解した。アリオバルザネスの息子のミトリダテスが、アリオバルザネスとダタメスを裏切って殺し、またオロンテスも大王軍側に寝返ったのである。

この反乱については残存史料から得られる情報が錯綜《さくそう》し、事件経過を正確に再現することは難しいのだが、前三六六年から三六一年までという比較的長い時間に発生したと推測されている。ディオドロスはこの反乱の結果、帝国の歳入は半減し、それゆえ資金不足に陥った大王は反乱を鎮圧できなかったと解説する。かつてはこのような記述を重視し、この事件は「大総督反乱」と呼ばれ、これこそが同時代のギリシア人らの期待したペルシア帝国崩壊の前兆だったと解釈された。

しかし、この反乱を徹底分析したワイスコフの研究以来、総督らは個々に利己的な行動をとっており、そこに共通の目標や組織的な連携を見出せないと結論されている。反乱の性格についてこれに異論はないが、総督たちが相次いで反乱に至るには、さまざまな要因が複雑に絡まっていたであろう。なかでも、帝国の周縁で起きた事件が、ペルシア中央の宮廷の動向と無関係ではなかった点を指摘しておきたい。ダタメスの反乱は宮廷で彼の活躍をねたむ者の存在と関連するとの記事があり、またオロンテスはアルタクセルクセス二世の義理の息子で宮廷の人間関係に相関し、さらにアリオバルザネスはアルタクセルクセス二世の孫で自身の異母弟にあたるアルタバゾスと総督位をめぐって対立していたのである。したがって、この一連の反乱を理解するためには、同時期の宮廷で何が起きていたのかを見る必要があろう。

ペルシア王と老い

たとえ神から地上世界の統治を託されたペルシア王であっても、生物学的には人間である以上、老いと死の問題は不可避だった。アケメネス朝ペルシアでは、候補者の全員が納得できるような、権力承継の制度が確立していなかった。バビロニア出土の文字史料やペルセポリスに残る碑文では、カンビュセスとクセルクセスはともに、父王が存命中に王位を約束されたかのようにも読めるが、確かなことはわからない。共同統治制や生前譲位、長子相続も嫡庶の区別もなかったため、年齢と能力の条件さえ合えば、前王の子は全員が次期王の候補者となりえたのである。

前四〇五／四年に即位したアルタクセルクセスは四六年間王位にあったのち、前三五八年に死去した。王の伝記を記したプルタルコスによれば、享年は九四、直接の死因は心労とのことだが、すでに高齢であったために老衰死とも言える。享年は九四ではなく、八〇代後半との説もあるが、いずれにせよ長命に変わりはない。

しかし、残念ながら彼の場合、長寿を手放しで喜ぶことはできなかった。生きているかぎり玉座にとどまり続けなければならなかったペルシア王は、老いとともに、目に見えて求心力を低下させていった。なかなか退かなかった父王にたいし、後継者候補たる息子たちにも苛立《いらだ》ちが募っただろう。アルタクセルクセス二世は自身が即位するさい、アケメネス朝ペルシア史上最大の後継者戦争を勝ち抜いたわけだが、みずからが位を退くときにも、泥沼の後継者争いを引き起こしたのである。

アルタクセルクセス二世の息子には、最年長のダレイオスを筆頭に、アリアスペス、アルサメス、そして年少のオコスらがいた。ほかにも息子がいたようだが、彼らはすでに死去したか、あるいは年齢的に後継者争いには参加できなかったのだろう。当初、アルタクセルクセスは年長者のダレイオスを後継者として期待していたようだが、ある事件をきっかけに（プルタルコスは恋愛関係のもつれだと説明するが、その真偽は不明）両者は敵対してしまう。父親の寵愛を失ったダレイオスは、いっそのこと父を暗殺して王位に就こうと試みるが、この計画は未然に発覚し、反対にダレイオスが処刑された。

生き残った三人の王子のうちで、アルタクセルクセスはアリアスペス、それからアルサメスを寵愛した。後継者争いのレースに脱落しかけたオコスは、まずアリアスペスを精神的に追い詰めて、服毒自殺させる。ついで、もう一人の兄、アルサメスを暗殺した。この二人の王子が亡くなった精神的ショックによって、高齢のアルタクセルクセスは息絶えたという。唯一勝ち残ったオコスは、アルタクセルクセスと改名し、前三五八年に即位した。

プルタルコスの伝記に描かれている宮廷でのスキャンダラスな事件が、どれだけ史実を忠実に写しているかは不明である。しかし、老王の死が現実味を帯びてくるなかで、つぎの権力者も定まらない状況は、王の候補者のみならず、王とつながるすべての者にとって由々しき事態であったろう。むろん、それぞれの王子を支持する派閥も形成され、とりわけ王によって指名された各地の総督などは、つぎの権力者次第ではその地位を失いかねなかった。

前三六〇年代に連鎖反応的に生じた総督たちの反乱は、このような文脈でこそ理解されるべきである。彼らは中央政界と一定の距離を取りつつ、ときには武力的な示威行為をともないながら状況を注視し、できるだけ有利な立ち位置を確保しようと努めた。それはペルシア帝国の抱える構造的な欠陥ではあったが、同時代のギリシア人が期待したような帝国の衰退ではなく、次期王候補がオコスに絞られていくなかで自然消滅するような性格のものだったのである。

なお、アルタクセルクセス二世の墓は、これまでの慣例を破って、ペルセポリスに作られた。しかし、その形状はナクシェ・ロスタムの四基の王墓とそっくりであった。

第7章　帝国最後の輝き
――アルタクセルクセス三世からダレイオス三世

アルタクセルクセス三世の即位とエジプト奪還の野望

末期アケメネス朝ペルシアの三人の王――アルタクセルクセス三世、アルセス、ダレイオス三世――は、その治世を検証するのに必要な史料の状況がかなり悪化する。クテシアス、クセノポンといった同時代のギリシア語史家は、いずれもアルタクセルクセス二世の代までしか扱っておらず、古代ペルシア語碑文の作成はアルタクセルクセス三世の代まで続けられるが、量はいっそう減少し内容も形式化したままである。とはいえ、ディオドロス『歴史叢書』をはじめとして、ローマ時代の歴史書であっても、残存していることを幸運とせねばならず、現代の研究者はまずこれらを丁寧に読み解いていくほかない。

オコス（のちのアルタクセルクセス三世）は、ライバルとなる三人の兄を蹴落として、ペルシアの王位に就いた（前三五八年）。しかし、父アルタクセルクセス二世は三六〇人の「妾」を囲い、合計一一五人もの息子がいたと伝えられている。ペルシア王になるのに正嫡の区別は問題とはならない。したがって、アルタクセルクセス三世は潜在的ライバルとなる兄弟をふくむ、すべての親族を虐殺したとも伝えられる。ただし、「妾」の数が三六〇人というのは象徴的な意味合いもあったと考えられるので、これだけ多数の兄弟が実際に殺されたかどうかは不明である。

アルタクセルクセス三世の治世初期には、アナトリア北西部でアルタバゾスの反乱が発生した（前三五六年）。アルタバゾスはアルタクセルクセス二世の孫で、前三六〇年代末に異母兄のアリオバルザネスを追い出し、ヘレスポントス・プリュギアの総督になった人物である。反乱の原因は、史料からは判然としない。直接のきっかけは、アルタクセルクセス三世がアルタバゾスに私的な傭兵軍の解体を要請したことにあったらしいが、おそらくこの反乱もペルシア大王の代替わりにともなう人事刷新を警戒しての示威行為だったのではなかろうか。反乱は前三五二年、リュディア総督アウトプラダテスによって鎮圧され、反乱に失敗したアルタバゾスはマケドニアへと亡命した。

しかし新政権にとって、より重要度の高い課題は、エジプト奪回だった。ビザンツ期の史料になるが、アルタクセルクセス三世は王子時代にすでにエジプトへの遠征を試みたとも言われており、エジプトへの思い入れの強さを窺わせる。そこで、まずは前五世紀末に戻って、ペルシア帝国領を脱していた時期のエジプト史を振り返りたい（7-1）。

エジプト独立期――第二八、二九王朝

ダレイオス二世治世最末期からアルタクセルクセス二世治世初期の前四〇五／四年から前四〇一年にかけて、エジプトはアミュルタイオスの指揮下、ペルシアからの独立に成功した。しかし、これ以降エジプトの国内が統一、安定したわけではない。むしろ、在地諸侯の小競り合いによって、王と王朝がめまぐるしく入れ替わる混乱の時代にあった。

ペルシアからの独立を勝ち取ったアミュルタイオスだが、上エジプトまでを勢力下におさめたわずか二年後の前三九九年、ネフェリテス一世によって王位を奪われる。ここに第二八王朝が終わり、第二九王朝が始まる。ネフェリテス一世の基盤は、ペルシアの支配拠点メンピスや、この時期のエジプトの伝統的な都サイス――ここはまた、アミュルタイオスの基盤でもあった――ではなく、ナイル・デルタの中央に位置するメンデスにあった。ネフェリテスはエジプト全土で建築事業を推し進め、みずからの王権強化に努めていった。

ネフェリテスが前三九三年に死去したのち、後継者の地位をめぐって複数の人物――ネフェリテスの息子（名は伝えられていない）、プサムティスという名の「王位簒奪者」、そして

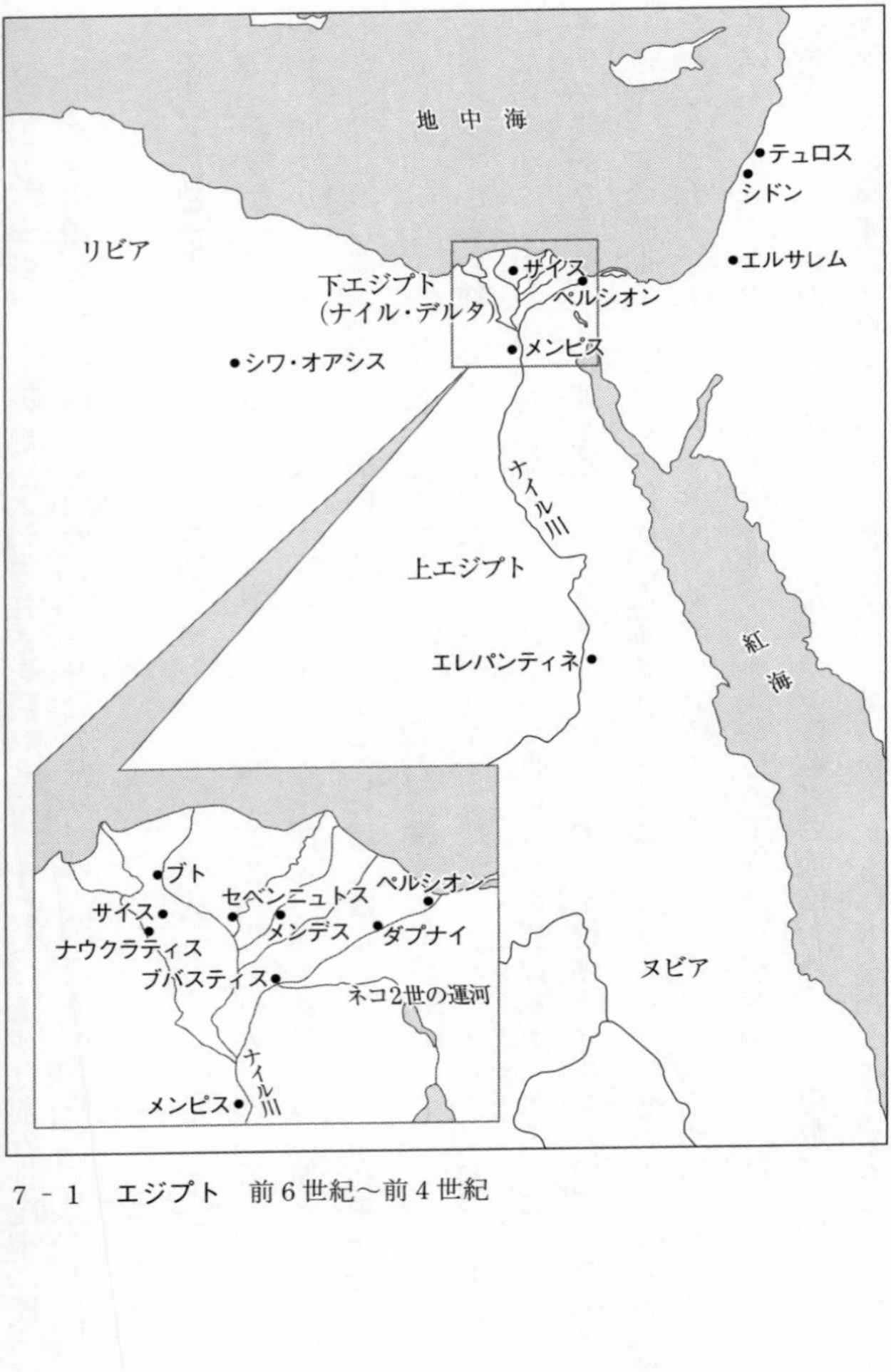

7－1　エジプト　前6世紀～前4世紀

アコリス――が争った。この三者のうち、最終的に王位を確かなものとしたのは、アコリスである。アコリスとネフェリテスとの関係については、現代の研究者のあいだで議論の的となっており、一説には先代の王の息子だった（逸名のネフェリテスの息子とアコリスがじつは同一人物）とも、あるいはアコリスが先代の王と血縁関係があるかのように装っていただけとも推測されている。

ネフェリテスとアコリスとの血縁は不明瞭だが、少なくとも政策面では一貫性が見られ、ネフェリテスと同様に、アコリスもエジプト全土で建築と修繕を推し進めた。さらにアコリスは対ペルシア防衛網の構築にも積極的で、テュロス、アッコ、シドンなどの東地中海沿岸の諸都市にみずからの名を刻んだ碑文や祭壇を残し、キプロス島サラミスのエウアゴラス王とも同盟を結んだ。しかし、前三八〇年にアコリスが没し、彼の息子ネフェリテス二世が即位すると、その直後にネクタネボ一世によって政権を奪われた。第二九王朝の終わり、第三〇王朝の始まりである。

第三〇王朝――最後のエジプト人王朝

ネクタネボ一世の築いた第三〇王朝は、セベンニュトスから出た。王と王朝がめまぐるしく交代するなかで、ネクタネボ一世の治世は一九年（前三八〇〜三六二年）と比較的長く、安定していた。先行する第二九王朝の王たちと同様、彼もまた偉大な建設者で、エジプト中の荒廃した神殿を修復した。前三六五年頃からは息子のタコスを共同統治者とし、前三六三／二年にネクタネボが没すると、そのままタコスが後継者となった。タコスの政策は第二九王朝のアコリスのそれと似ている。彼は前三六〇年代後半の東地中海とアナトリアにおける政情不安にも積極的に介入し、またギリシア人を雇い入れてエジプトの軍事力強化を図るなど、反ペルシアの姿勢を鮮明に打ち出した。ところが、タコスの単独統治は長くは続かなかった。前三六〇年、シリア・パレスチナでの活動中に本国エジプトで反乱が起き、タコスは追放されてしまうのである。

タコスを追い出した反乱については、ディオドロスとプルタルコスという、いずれもローマ時代のギリシア語作家たちが書き残している。ディオドロスによれば、タコスの留守中にエジプト軍をあずかっていた王弟が反乱を起こしたといい、プルタルコスは、第二九王朝の都であったメンデスからも対抗者が立ったと伝える。この二つの情報をつなぎ合わせると、たとえば、つぎのような解釈になろう。すなわち、第三〇王朝の王タコスが本国を不在にしているあいだに、政権奪還をねらう前王朝の生存者が、不穏な動きを見せた。これに危機感を抱いた王弟一派は、対ペルシア強硬路線を展開するタコスに見切りをつけ、国内の安定を重視するために王に背いたのである、と。

いずれにせよ、反乱によって、タコスとともにシリア・パレスチナ方面へ出兵していたネクタネボ（タコスの甥）は急遽《きゅうきょ》エジプトに帰還。そして反乱を鎮めて、ネクタネボ二世として立った。シリア・パレスチナに放置されたかたちとなったタコスは、ペルシアへと亡命し、そこでアルタクセルクセス三世に赦しを請うた。アルタクセルクセスはタコスを受け入れ、今度は彼を対エジプト遠征の将軍として用いたという。

新しく即位したネクタネボ二世の治世中に、エジプトはペルシアによって再征服され、エジプトの独立王朝時代も終焉を迎える。この約六〇年のあいだ、ペルシアではアルタクセルクセス二世およびアルタクセルクセス三世という二人の王の治世にあたるが、エジプトでは三つの王朝が成立し、少なくとも八人もの王が立った。いかに混乱した時代であったのかが、読み取れよう（7－2）。

アルタクセルクセス二世によるエジプト回復戦争

アルタクセルクセス二世の治世最初期にエジプトが独立して以降、ペルシア帝国はこの状況に手をこまねいていたわけではない。史料からは、ペルシアが数度にわたって、エジプトに回復戦争を仕掛けたことが確認される（ただし、そのうちのいくつかは、きわめて断片的な情報しか伝わっていない）。エジプト再征服を成功させるためには、慎重にタイミングを見計

第28王朝（サイス出身）	第29王朝（メンデス出身）	第30王朝（セベンニュトス出身）
アミュルタイオス（前405/4-399年）	ネフェリテス1世（前399-393年） アコリス？（前393-389年） プサムティス（前389-388年） アコリス（前388-380年） ネフェリテス2世（前380年）	ネクタネボ1世（前380-363/2年） タコス（前363/2-360年） ネクタネボ2世（前360-342年）

7－2　エジプト独立期の王朝と王

らう必要があった。前五世紀なかばに起きたイナロスの反乱には、「長いペルシア戦争」のさなかにあったアテナイがエジプトに援軍を送っており、前五世紀末にエジプトが独立を勝ち取ったさいは、ペルシア王位をめぐる兄弟戦争の真っ最中であった（史料からは、小キュロスとエジプト王アミュルタイオスが秘密裡に連携していたとも推測されている）。ペルシア帝国がエジプトを回復するためには、まず何よりも、エジプト遠征に集中して臨める環境を整備せねばならなかった。

ペルシア王アルタクセルクセス二世によるエジプト回復の最初の試みは、前三八〇年代のアコリス治下になされた。ただし、この遠征に直接言及する史料は、前三八〇年にアテナイの弁論作家イソクラテスの書き残した、つぎの一節のみである。

ともかく、〔ペルシア――筆者補〕大王の戦力を推し量るに、……彼が単独の力で戦ったときの成果を見なければならない。その第一に、エジプトの離反の際、その地を領有する人びとに対して彼は何を成し遂げたのか。大王はこの戦争にペルシア人の中でも最も声望高い、アブロコマス、ティトラウステス、パルナバゾスを派遣し、この将軍たちは三年間その地を転戦し、戦果を挙げるよりは被害を受けることの多く、ついには屈辱的な撤退に終わった。

（イソクラテス『民族祭典演説』一四〇）

前後の文脈からは、この遠征が近年の事件として語られているものの、引用箇所から正確に何年の出来事だったのか特定できない。イソクラテスの弁によれば、ペルシア軍は手ひどい敗戦を経験したという。しかし、引用元の史料である『民族祭典演説』の主旨は、いかにペルシア帝国が弱体化しているかを説くことにあり（前章で述べた「ペルシア衰退史観」に縛られた見解である）、したがって、この遠征の敗戦についてもイソクラテスが大げさに書き立てただけの可能性もある。他史料での言及が見られないため、この遠征はまともな戦闘がおこなわれないままに、疲弊したペルシア軍が撤退したのかもしれない。

前三七四／三年、アルタクセルクセスは二回目のエジプト奪還を試みた。このときはアテナイも遠征に関与したことから、初回の遠征よりも史料状況に恵まれている。ペルシア軍の総司令官には、先の遠征でも指揮を執ったパルナバゾスが指名された。これに先立ってパルナバゾスはアテナイに使節を派遣し、当時エジプトで軍事顧問を務めていたアテナイの軍人カブリアスを本国へと帰還させ、それと同時にペルシアには軍人イピクラテスを提供するように要請した。ペルシアとの関係悪化を恐れたアテナイも、この要請に従わざるをえなかった。これによってペルシアは、エジプトから有能な人材を取り除くことに成功した。しかし、それにとどまらず、カブリアスのもたらしたエジプトの国防機密が、おそらくイピクラテスをつうじてペルシア軍に漏洩《ろうえい》したと考えられる。エジプトは第二九王朝から第三〇王朝に代わって、ネクタネボ一世の統治下にあった。

パルナバゾスとイピクラテスの共同指揮によるペルシア軍は、当初は首尾よく侵攻した。彼らはナイル・デルタの東の玄関口であるペルシオンに到達したところで、ここが強固に要塞化されているのを見る。すると、両指揮官はいったん海上へとまわり、メンデス河口から遡行して、支流沿いの要塞の占拠に成功した。しかし、ここで問題が発生した。今後取るべき作戦について、両指揮官の意見が対立したのである。エジプト軍の捕虜からメンピスが無防備だと聞いたイピクラテスが、電撃作戦でメンピスを攻め落とすべきだと主張したのにたいし、パルナバゾスはペルシオンに残してきた軍がエジプトに侵入できるまで待機すべきだと反対した。けっきょくパルナバゾスの唱える安全策が採用されたが、ペルシア側が全軍を輸送する前にネクタネボが体制を立てなおし、またナイル川が氾濫の季節を迎えてしまったために、ペルシア軍は撤退せざるをえなくなった。アテナイからの派遣将軍だったイピクラテスは、エジプトからの帰途、軍を抜け出してアテナイへと帰還した。

その後、前三七〇年代末には、総指揮権がパルナバゾスからカッパドキア総督のダタメスへと移され、第三回のエジプト回復遠征が企画された。しかしながら、すでに高齢となっていたアルタクセルクセス二世の求心力低下によって、宮廷では派閥抗争の兆しが見られた。おそらくダタメスも、この混乱にともなう何らかの陰謀に巻き込まれ、「職場放棄」してしまう。これによって、アルタクセルクセス二世治下での、三回目の対エジプト遠征はまぼろしに終わってしまった。

アルタクセルクセス三世によるエジプト回復戦争

アルタクセルクセス二世死去にともないペルシア王位に就いたアルタクセルクセス三世は、父王時代からの懸案だったエジプト奪還に着手する。即位後のアルタクセルクセス三世は計二回のエジプト遠征を試みたが、これは一連の戦争とも解釈できる。

まずは、最初の遠征と二回目の遠征のあいだにあたる前三四六年に書かれた、アテナイの弁論作家イソクラテスの記述を見てみよう。

次にまた、帝国領内の様子を聞かされたなら、〔ペルシア――筆者補〕大王との戦いを急がない者があろうか。エジプトはかのときにも離反したが、いつ大王自身が兵を挙げ、ナイルの自然の要塞もその他の防備もすべて征服するのではないかと恐れていた。ところがいまの大王は彼らをこの不安から解放した。あらん限りの大軍を動員して彼らを襲ったが、打ち負かされて帰ったばかりか、嘲笑を浴び、王はもちろん将軍の器ですらないと噂されたのである。（イソクラテス『ピリッポスに与う』一〇一）

引用箇所では、最近アルタクセルクセス三世がみずから軍をひきいてエジプトに遠征し、敗北したと記される。その時期は一般に、アナトリアにおけるアルタバゾスの反乱が鎮圧されたのちの前三五一／〇年とされる。作者のイソクラテスは、アルタクセルクセスが大敗を喫したことにほくそ笑んでいるようだが、大王みずからが軍をひきいたという情報は、この時期のペルシア本国が王の不在を許せるほどに安定していたことを示唆している。

イソクラテスはつづいて、つぎのように述べる。

さらにキュプロス、フェニキア、キリキアなどペルシアが艦隊を徴集していた地域は、かのときは大王の領土であったが、いまではあるいは離反し、あるいは戦争その他の関係悪化によって、その地のいかなる民族も大王のためには動かず……。

（イソクラテス『ピリッポスに与う』一〇二）

前三五一／〇年のエジプト親征は失敗に終わっただけではなく、三地域（キプロス、フェニキア、キリキア）の反乱をも呼び起こしたという。とくにフェニキア系都市の位置したシリア・パレスチナ地域は、ペルシア軍がエジプトに侵攻する通り道にあたり、同地の平定はエジプト再征服にとっての前提となった。

シリア・パレスチナの反乱の主導者は、シドン王のテンネスだった。彼は、対ペルシアで利害の一致するエジプト王ネクタネボに使者を派遣し、エジプトと同盟を組むと同時に、エジプトからギリシア人傭兵部隊（隊長はロドス島出身のメントル）の支援を受けた。しかしこの人物は、少なくともネクタネボにとって、安易に信用すべき相手ではなかった。テンネスはアルタクセルクセス三世が反乱鎮圧のために大軍を準備しているとの報《しら》せを得ると、今度はアルタクセルクセスに密使を送って、寝返りを試みたのだ。アルタクセルクセスは誘いに乗って、無事シドンを占拠したのち、テンネスを用済みとして処刑した。その一方で、エジプトからシドンに派遣されていたギリシア人傭兵部隊については、隊長のメントルともども、そのまま自軍へと組み入れた。シリア・パレスチナの反乱は鋳造された貨幣の銘から、前三四七年から三四五年頃の出来事だと推定されている。

エジプト再征服戦争の過程

シリア・パレスチナ地域を平定したのち、アルタクセルクセスは前三四三年に第二回目のエジプト再征服遠征に着手した。このときには、シドン王テンネスを経由してネクタネボからアルタクセルクセス三世のもとへと移ったギリシア人傭兵メントルが、エジプトの国防機密――とりわけナイル・デルタへの侵入路にかかわる情報――をもたらしたと推測される。

アルタクセルクセスは全軍を三手に分け、同時に別地点を攻撃するという作戦を立てた。元エジプト軍の傭兵だったメントルの部隊は、ペルシア人のバゴアス（この人物については後述）が指揮する第三分隊に属した。

まずは、第一分隊がエジプト東部の玄関口であるペルシオンの攻略に着手した。その間、第三分隊はペルシオンからナイル川支流の上流に位置する都市ブバスティスの攻略にむかった。第二分隊の目的地は明らかではないが、運河を遡行してから上陸し、エジプト軍側のギリシア人部隊を攻撃したという。一説によれば、ペルシオンとブバスティスの中間に位置する要塞都市ダプナイ（テル・ダファナ）だったのではないかと推測されている。ペルシオン、ダプナイ、ブバスティスのうち最初に陥落したのは、第二分隊が攻撃したダプナイだった。これによって、エジプトの東部防衛ラインの一角に穴が空き、この敗戦の報を耳にしたネクタネボはナイル・デルタからメンピスへと撤退した。エジプト王が消極的な態度をとったこともあり、ダプナイに続いてペルシオン、ブバスティスも陥落し、防衛戦線は総崩れしていった。

ネクタネボが逃げこんだメンピスには、かつてイナロスの反乱時にペルシア軍が立てこもり、数年も持ちこたえた、「白亜城」と呼ばれる堅固な要塞があった。したがって、ネクタネボもメンピスで耐えながら、形勢の逆転を待つこともできただろう。しかし、ナイル・デルタの要塞都市がつぎつぎと陥落するのを見て、ネクタネボは籠城作戦を選択せず、さらに南部のヌビアへと撤退した。ネクタネボがエジプトから退去したため、ペルシア軍はメンピスを占領し、エジプトはあっけなく再征服されてしまった。ペルシア・エジプトの対立関係は長年におよびながら、けっきょくダプナイ戦をのぞいて、両軍の大規模な衝突は起きず、またアルタクセルクセス三世が親征したにもかかわらず、両国の王があい見えることはなかった。なお、ネクタネボ二世はヌビアではなくマケドニアに亡命し、そこでアレクサンドロス三世の父親となったとの伝承が後世に生まれたが、むろんこれは事実無根の作り話である。

ペルシア軍のメンピス占領とともに、エジプト独立王朝の時代は終了する。その後、エジプト人によるエジプト統治が復活するのは、じつにナギーブ将軍による革命政権が誕生する一九五二年を待たなければならなかった。史家マネトンが古代王朝として数えるのも、この第三〇王朝（セベンニュトス朝）が最後だった。しかし、マネトンの著作を情報源とし、彼の考案したフレームワークを踏襲した後世の歴史家たちが、第二次ペルシア支配期を第三一王朝として数えたことから、この呼称も通用する（ただし、マネトンの原本に第三一王朝がふくまれていたとの説もある）。

第二次ペルシア支配期（エジプト第三一王朝）

文献史料からは、再征服後のペルシア帝国によるエジプト統治の苛酷さが伝わる。ディオドロスの記した歴史書によれば、アルタクセルクセス三世はエジプトの「もっとも重要な都市」の城壁を破壊し、神殿からは金銀および記録書を略奪したという。ここでいう「もっとも重要な都市」とは、独立期に在地王朝の拠点となっていたサイス、メンデス、セベンニュトスなどの都市を指すのだろう。また、神殿から持ち出された記録書は、のちにエジプトへと返還されたが、それには多額の代価が要求された。

このようなペルシアの政策は、考古学的な調査からも裏づけられる。一九九二年にメンデスから発掘されたネフェリテス一世のものとされる墓には、暴かれた痕跡《こんせき》が見られる。また、ブトに位置するウアジェト神（コブラの姿をした下エジプトの守護女神）の神殿は、サイス朝および第二九、三〇王朝時代の重要な神託所だったが、その壁面は人為的に破砕されている。おそらくエジプト再征服後、アルタクセルクセス三世の指示によってなされたと推測される。エジプト独立期の記憶を抹消し、かつ在地諸侯による再度の反乱の芽を事前に摘んでおくとの意図があったのだろう。

以上の政策を実行したのち、アルタクセルクセス三世はペルシア人ペレンダテスをエジプト総督に据えて、バビロンへと戻った。そのさい、ネクタネボ二世の息子をふくむエジプトの要人も連行した。しかし、エジプト独立の気運が、これで完全に消えたわけではなかった。詳細は不明なものの、アルタクセルクセス三世の死去からダレイオス三世の政権が確立するまでの不安定期に、エジプトではカババシュという名の人物が王として立ったことが、碑文により知られている。いずれにせよ、カババシュの統治は長く続かず、前三三二年にアレクサンドロスがエジプト入りしたさい、その地の支配者はいぜんとしてペルシア帝国だった。

アルタクセルクセス三世の死去

エジプトを奪回してから五年後の前三三八年、アルタクセルクセス三世は死去した。治世は二一年におよび、これは歴代ペルシア王の在位期間とくらべても、標準的だった（ちょうどクセルクセスの治世と同じ長さになる)。死因についてバビロニアの天文日誌は、「運命を迎えた」との表現で、自然死であったかのように記録している。事実、父王のアルタクセルクセス二世が長生きしたことから、アルタクセルクセス三世は即位した段階で、すでにある程度の年齢に達していたはずである。父王が即位した年に生まれたと仮定しても、アルタクセルクセス三世は即位した段階で四〇代後半に差し掛かっていた。死去する前三三八年には七〇前後になっており、自然な死因だったとしても違和感はない。墓は父王と同じく、ペルセポリスに築かれた。

跡を継いだのは末子のアルセスだった。アルセスについては、彼自身が作成した公的な碑文が出土していないため不確実なものの、アナトリア南西部リュキア地方から出土した一枚の碑文から、即位名としてアルタクセルクセス(四世)を名乗ったのではないかとも推測されている。

アルセス(アルタクセルクセス四世)からダレイオス三世へ

アルタクセルクセス三世の最期は自然な死であったという前記の説にたいし、ディオドロス『歴史叢書』は、暗殺だったと記録する。史書の当該箇所によると、千人隊長にして宦官のバゴアスという名の人物が、医者の手をかりて、冷酷かつ横暴で臣民から不人気だったアルタクセルクセスを毒殺し、アルセスを王位に就けた。さらにバゴアスは、アルセスが孤立して自分の言いなりになるように、アルセスの兄弟も暗殺していった。しかし若きアルセスがバゴアスに反抗的な態度を見せたため、今度はアルセスと彼の子どもたちも殺害した。こうして王位を継承すべき血縁者が絶えたため、バゴアスは友人のダレイオスを王位に就かせたという。

この記述はいかにもギリシア人作家がすき好んだ、スキャンダラスな王朝内紛劇の焼き直しかのようである。しかしながら、少なくともこの事件の一端は、オリエント由来の史料からも裏づけられる。「王朝についての予言」と呼ばれる、バビロニアから出土したアッカド語粘土板資料がある。現在は大英博物館が所蔵するこの粘土板は、王朝の盛衰やその交代についての事後予言の書——実際に出来事が起こったのちに、あたかもそれを予言していたかのような体裁で書かれた文書——となっている。

現存する粘土板は四つの列からなっており、第一列がアッシリアの滅亡から新バビロニアの興隆、第二列が新バビロニアの滅亡とペルシアの興隆、つづいてペルシアの滅亡とマケドニアの興隆、最後にアレクサンドロス死後のマケドニア人支配を「予言」している。問題となるペルシア時代末期の箇所を引用しよう。

二年間、〔彼は王権を行使するであろう〕。宦官がその王を〔殺害するであろう〕。王子の誰かが攻撃し、王権を〔握るであろう〕。〔彼は〕五年間、王権を〔行使するであろう〕。
(Kuhrt, *The Persian Empire*, 10. 4〔i〕)

ここで二年間統治した王がアルセス、彼の後継者となる王子がダレイオス三世、そして王を弑逆《しいぎゃく》した宦官がバゴアスを指すことは間違いなかろう。

バゴアスとは何者か？

ここで、アルタクセルクセス三世およびアルセスの暗殺者となった、バゴアスなる人物に迫る必要があろう。史料中にバゴアスが初出するのは、前三四三年のアルタクセルクセス三世によるエジプト遠征のさいで、彼は第三分隊を指揮していた。この遠征の主要史料となる『歴史叢書』の作者ディオドロスは、彼について、「王がもっとも信頼を寄せ、大胆さと非道さの点で人並みはずれた」人物との評をくだしている。

アルタクセルクセス三世死去後になると、当然のことながら、バゴアスにたいする言及は増す。たとえばディオドロスは、「彼はつねに王の後継者を差配し、王位自体をのぞいては、王権のすべてを享受した」と、バゴアスが宮廷における陰の実力者だったかのように述べる。

また、プルタルコスも『アレクサンドロスの運または徳について』と題されたエッセイで、アルセスとダレイオス三世はバゴアスのおかげで王位に就けたのだという見解を引き継いでいる。これらの文献史料では、アルタクセルクセス三世の死からダレイオス三世即位までのあいだ、バゴアスはまるでキング・メーカーのごとく振る舞ったことになる。その一方で、事件の本質が王家一族の暗殺である以上、真相は闇から闇へと葬り去られていったに違いない。

即位前のダレイオス三世

ここで真犯人探しをいったん脇に置き、王位に上る以前のダレイオス三世の経歴を追ってみたい。ダレイオス三世の出自については、大きく分けて二つの説が流布していた。先に引用したディオドロスの史書では、ダレイオスは「バゴアスの友人の一人」と、王家とは無関係な人物かのように紹介されている。ストラボンはより明確に、バゴアスは「ダレイオスが歴代の王の家系から出たのでもないのに、これを王に擁立した」と言い切っている。

ダレイオスは王家外の人間だっただけではなく、卑賤《ひせん》の出とする記述も残っている。アイリアノス『ギリシア奇談集』は、「アレクサンドロスに敗れた最後のダレイオス〔三世〕はもと奴隷であった」と、またプルタルコスは先述のエッセイ『アレクサンドロスの運または徳について』で、「奴隷であったり王の先払いであったりした男」と呼ぶ。ただし、この場合の「奴隷」という単語を、言葉どおりに受け取るべきではなかろう。というのも、ギリシア人はしばしば、専制君主制国家のペルシアでは、大王ただ一人が自由人であって、残りの臣民はすべて彼の「奴隷」と見なすからだ。つまりは、即位前のダレイオス三世は、王の家臣だったと理解すべきであろう。

　以上のような意見とは反対に、じつはダレイオスが王家の血を引いていたとの説もある。ダレイオスを「バゴアスの友人の一人」と紹介したディオドロスであったが、史家はそれに続いて、「彼の父はアルサメス、祖父はかつてのペルシア王アルタクセルクセス〔二世〕の兄弟であるオスタネスだった」とも述べている。すなわち、ダレイオス三世とアルタクセルクセス二世は大甥と大叔父、そしてアルセスとははとこの関係にあたるという（7-3）。たしかにアルタクセルクセス二世、三世、四世（アルセス）という王家の直系からは外れてしまうが、アルセスの近親者がす

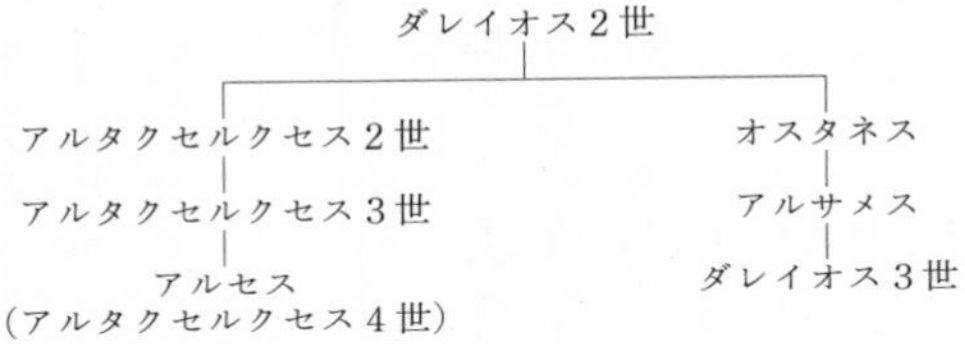

7-3　アケメネス家とダレイオス３世

べて葬られたいま、ダレイオス三世に玉座がまわってきてもおかしくはない。

王位に就く前のダレイオスについては、彼が北方の異民族であるカドゥシオイ人との戦争で活躍したことが記録されている。それによれば、カドゥシオイ人から一騎打ちによる決着が申し入れられたとき、ペルシア人のなかで唯一ダレイオスがこの挑戦を受けて立った。その結果、ダレイオスは見事カドゥシオイ人の相手を倒し、ときの大王アルタクセルクセス三世から多大な褒美によってたたえられ、アルメニア総督に任命されたという。

アルセス暗殺の真犯人？

それでは、ダレイオスが王位に就いたのち、「キング・メーカー」バゴアスはどのような運命をたどったのだろうか。一連の事件経過を伝えるディオドロスによれば、バゴアスは最終的にダレイオスの暗殺を試みたらしい。しかし陰謀が事前に発覚したため、バゴアスはダレイオスから毒杯を仰ぐように強要されて、息絶えたという。

われわれはアケメネス朝ペルシアの歴史のなかで、ダレイオス即位の経過とよく似たケースをすでに知っている。歴代ペルシア王のうち、最初の暗殺による犠牲者となったクセルクセスは、近衛隊長のアルタパノスと宦官アスパミトレスによって殺された（「千人隊長」にして「宦官」というバゴアスとの相似にも気づかれよう）。当初その罪はクセルクセスの子ダレイオスに帰せられ、ダレイオスも処刑されてしまう。その後に王位を継いだアルタクセルクセス一世は暗殺実行犯のアルタパノスとアスパミトレスを処刑し、罪なきまま新王としての統治を開始した。この事件をたどったさい、筆者は真犯人としてもっとも怪しむべきは玉座を勝ち取ったアルタクセルクセス一世で、実行犯の二人はアルタクセルクセスのスケープゴートにすぎないのではないかとの推論を述べた。もしこの図式が今回の暗殺事件にも当てはまるならば、真犯人はダレイオス三世だったのではなかろうか。

じつはギリシア語史料では、これを裏づけるような記述が残っている。事件の直後にペルシア帝国に遠征したアレクサンドロスが、ダレイオスとの直接対決を前に送ったとされる手紙には、つぎのように書かれていたという。

> しかも貴下〔ダレイオス三世――筆者注〕がバゴアスと語らってアルセスを弑逆し〔現在の〕支配権を手に入れたのは、まさしく正義に悖《もと》りペルシア人の掟に背くばかりか、今なおペルシア人にたいして不正を犯しつづけていることなのだ。
>
> （アッリアノス『アレクサンドロス大王東征記』二・一四・五）

ここではアルセスの暗殺が、バゴアスではなくダレイオス主導で実行されたかのように非難されている（アルタクセルクセス三世の暗殺については、無視されている点にも注意されたい）。アルタクセルクセス三世によって実力を見出されて出世したダレイオスにとって、血縁的な不利を覆してペルシア王の座を射止めるためには、誰かをスケープゴートにしたうえで、暗殺という実力行使に出るほかなかったのではなかろうか。

ラテン語史家ポンペイウス・トログスの『地中海世界史』（原本は失われ、三世紀の著述家ユスティヌスによる抄録版のみが現存）では、これまで紹介してきたのとは対照的に、王にふさわしい立派な人物としてダレイオスが描かれている。

その後、彼〔のちのダレイオス三世——筆者注〕は、時を経てオコス王〔アルタクセルクセス三世——筆者注〕の死後、以前の勇気が記憶されていた故に、民衆によって王に据えられ、王の威厳に欠けるところがないようにと、ダレイオスという名を与えられて、称《たた》えられた。（ポンペイウス・トログス『地中海世界史』一〇・三）

ここでは、アルタクセルクセス三世の死因もアルセスの短い統治も語られないままに、ダレイオスによる王位継承が自然の成り行きかのごとく、つづられている。これは抄録の過程で省略されただけかもしれないが、まるでペルシア帝国およびダレイオス三世の公式見解を反映しているようにも見えないだろうか。

マケドニア王国の勃興

混乱のすえにペルシア王位に就いたダレイオス三世だったが、同年、のちにアケメネス朝ペルシア帝国を滅ぼすことになるアレクサンドロス三世（大王）も、父ピリッポス二世が暗殺されたのにともない、マケドニアの王位を継いだ。

ギリシア北辺の小国マケドニアは、もとはペルシア帝国領だった。ダレイオス一世治下にペルシアに臣従すると（前五一〇年代後半）、クセルクセスの対ギリシア遠征ではペルシア軍に味方した。しかし、ペルシアがギリシアから撤退するのにともない（前四七九年）、マケドニアも独立を回復させていった。マケドニアがペルシアの支配下に置かれていた期間を正確に特定することは難しいが、最大で見積れば三〇年ほどになる。

この時代とその後に隣国としてペルシアと接するなかで、マケドニアはペルシアから影響を受けた、とりわけペルシアの宮廷文化を吸収していったと指摘される。そもそも王国が少なかったギリシアでは、マケドニアが見習うような宮廷が存在しなかったのだ。しかし、ペルシアからの影響とは裏腹に、マケドニア人の自意識としては、あくまでギリシア人だった。マケドニア王は「ギリシア人の祭典」であるオリュンピア祭に参加し、悲劇詩人エウリピデスをはじめとする、ギリシアの一流文化人を自国に招いた。

マケドニアの位置するギリシア北部は天然資源（木材と鉱物）に恵まれており、国家が成長する条件を持っていた。しかし、マケドニアの背後に住む山岳民族イリュリア人との抗争や度重なる王位継承争いが、王国の発展を阻害してきた。それが、前四世紀なかばにアレクサンドロスの父ピリッポスが王位に就くと、状況が変わった。彼はまず、ライバルとなる王族を排除すると、強力な常備軍と卓越した外交手腕を武器に、悩みの種だった周辺部族の平定に成功。即位から二〇年あまりでギリシア北部全域と、テバイとアテナイをふくむギリシア中部にまで勢力を拡大させた。ところが、ピリッポスは絶頂のさなかの前三三六年に暗殺される。娘の結婚式という晴れの場での惨劇だった。

アレクサンドロス三世による東方遠征

父王の突然の死によって急遽王位を継いだアレクサンドロスは、王位交代に乗じた各地の蜂起《ほうき》を鎮圧したのち、ペルシア帝国を倒すべく東方へと遠征を開始した。前三三四年のことである。ペルシア帝国領への遠征自体は、父ピリッポスがすでに計画しており、アレクサンドロスはこれを継いだことになる。この遠征にたいする防衛戦は、アケメネス朝ペルシア帝国がおこなった戦争のうち、対ギリシア遠征とならんで詳細が明らかとなっているが、すで

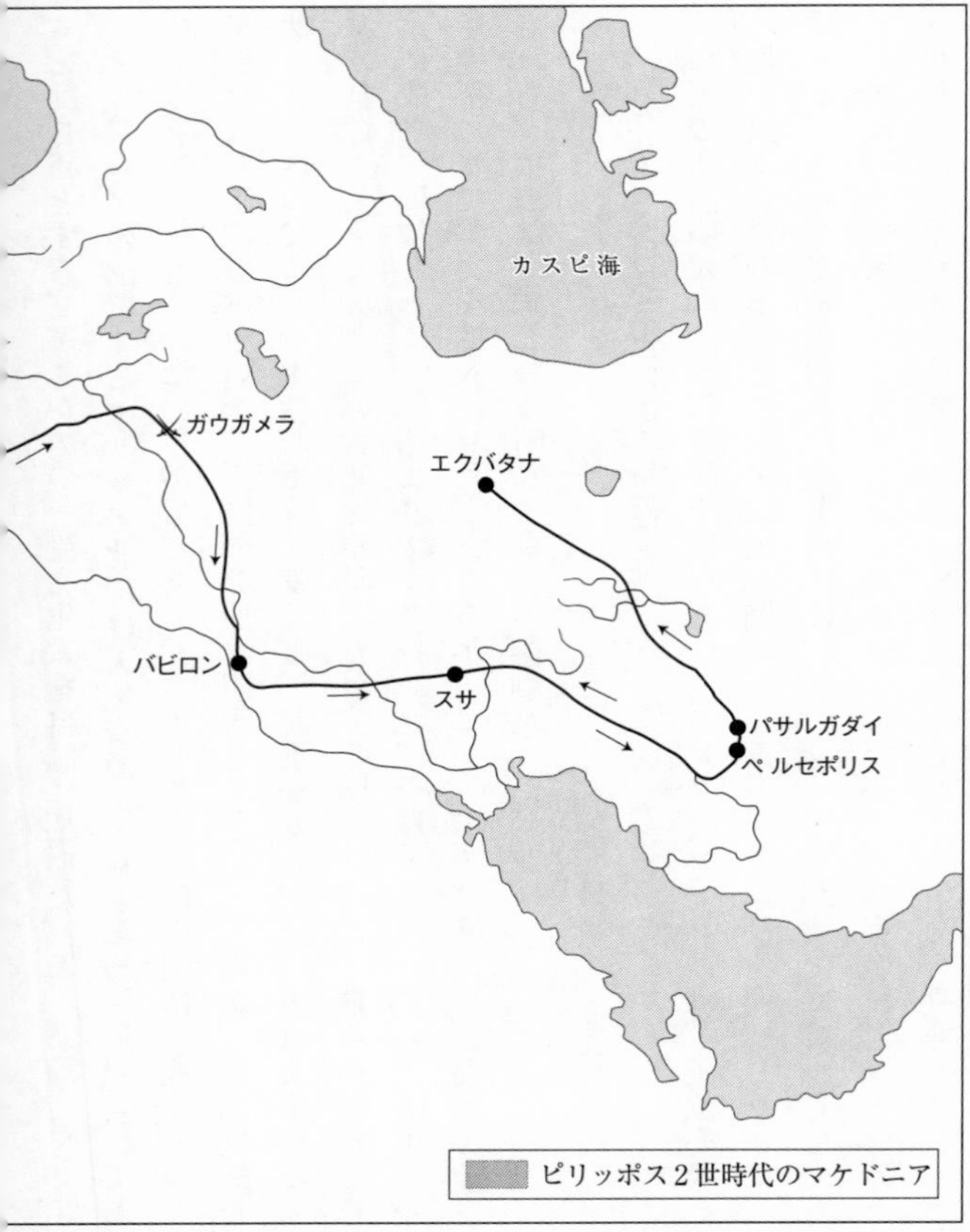
カスピ海
ガウガメラ
エクバタナ
バビロン
スサ
パサルガダイ
ペルセポリス
ピリッポス2世時代のマケドニア

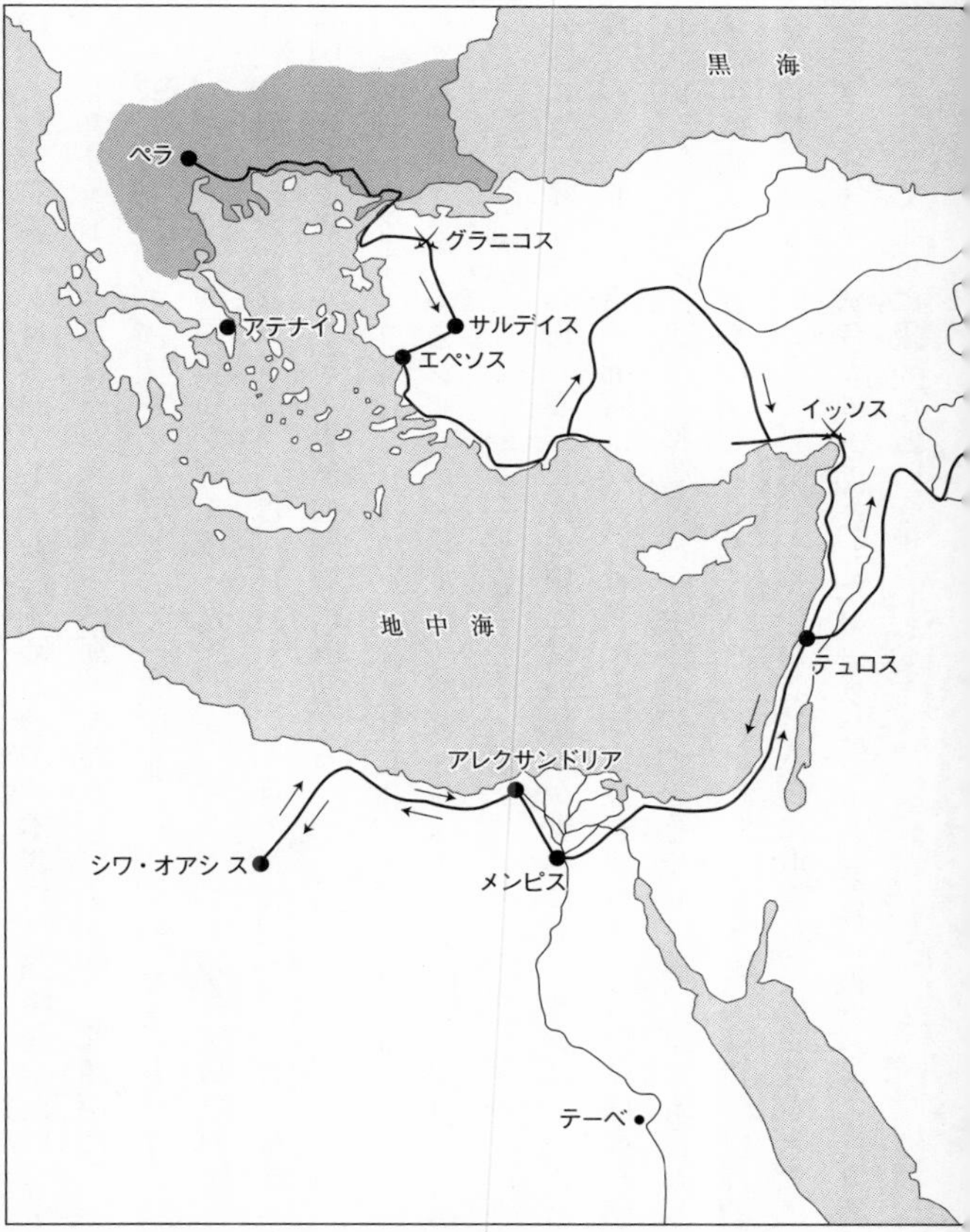

7－4　アレクサンドロス3世の東方遠征　前334年～前330年

にすぐれた概説書が日本語でも手軽に読めるので、本書では簡略化したい（7－4）。

アレクサンドロス軍はヘレスポントス海峡を渡り、アナトリア北西部に入ったところで、ペルシア軍と最初の衝突をする（グラニコス川の戦い）。このときダレイオス三世自身は出征せず、アナトリアの総督らが迎え撃ったのだが、マケドニア軍に突破されてしまう。この戦いに勝利したアレクサンドロスは、アナトリア西部の都市をつぎつぎと帰順させ、ペルシア帝国西辺の拠点サルディスも無血開城に成功する。

その後、マケドニア軍はアナトリア南部を東に進むと、シリア北部のイッソス（現在はトルコ共和国イスケンデルン）で、ダレイオスひきいるペルシア軍と二回目の対決をする（前三三三年）。この戦いもマケドニア軍が勝利するのだが、ダレイオスをふくむペルシア軍の敗走後にダレイオスの母、妻、二人の娘と幼い息子が戦場に取り残されているところを保護されて、マケドニア軍の捕虜となる。戦場に王族女性を連れてくるのには違和感があるかもしれないが、ペルシア大王の移動は宮廷全体の移動を意味し、第4章でも言及したように、豪華な可搬式幕舎とともに王を取り巻く人々もそれに付き従った。また、女性親族だけを王不在の首都に残さないことで、叛心《はんしん》を抱いた者に人質に取られる危険性を未然に防げたのである。ダレイオスの親族女性と面会したアレクサンドロスは、彼女たちを辱《はずかし》めず、その地位にふさわしく丁重に扱ったという。

イッソスの戦いに勝利したのち、アレクサンドロス軍は南下し、フェニキアの諸都市を攻略しながらエジプトに入った。さしたる抵抗を受けないままエジプト制圧に成功したアレクサンドロスは、ここにエジプトの新しい首都となるアレクサンドリアを建設した。そして約半年間の滞在ののち、前三三一年春にエジプトを発ち、軍をふたたび北上させた。

ペルセポリス焼き討ちとダレイオス三世の死去

イッソスの戦い後、ダレイオス三世からアレクサンドロスのもとに親書が届く。身代金による捕虜の解放、アレクサンドロスとダレイオスの娘との結婚、そしてユーフラテス川以西をアレクサンドロスに割譲するという条件での講和の申し入れだった。このような提案が実際になされたかは定かでない。しかし、ペルシア大王の理念に照らせば、地上世界の分割統治などあってはならないことである。もしこれが真実だとすれば、ダレイオスはそこまで追い込まれていたことを示唆する。アレクサンドロスはこれを蹴って、さらに進軍を続け、ティグリス川上流のガウガメラでダレイオスとの最終決戦にのぞんだ。

先のイッソスの戦い同様、ガウガメラの戦いでもダレイオスは戦場から離脱し、マケドニア軍が圧勝した。三たび直接対決を制したアレクサンドロス軍は、ついにペルシア帝国の首都の一つであるバビロンへの入城を果たす。かたや、敗れたダレイオスは残された手勢とともに旧都エクバタナへと逃走した。その後アレクサンドロス軍は前三三一年末にスサ、前三三〇年初めにペルセポリス、パサルガダイと、ペルシア帝国の首都をつぎつぎに占領していった。ペルセポリスでは越冬もかねて四ヵ月間という比較的長い時間滞在したが、春にペルセポリスを発つさい、この王宮都市に火を放って焼いた。

アリアノスの『アレクサンドロス大王東征記』では焼き討ちの理由について、アレクサンドロスは「自分が意図するところは、かつてペルシア人がギリシアに押し寄せてきて、アテナイを破壊し神殿を焼き払ったあの仇に報い、その他彼らがギリシア人の上に加えた悪事という悪事にたいして報復することにあるのだと答えた」という。すなわち、この行動はクセルクセスによる対ギリシア遠征（ペルシア戦争）の報復として意味づけられている。これにたいし著者のアリアノスは「この行為自体およそ、大昔のペルシア人にたいする仕返しになったとも思えない」と、冷静に分析している。たしかにアリアノスの見解のように、この事件と一五〇年近く前の出来事との直接的な因果関係を求めるのには無理があろう（さらに言えば、ペルシア戦争でマケドニアがペルシアに与した過去が、棚上げにされている）。しかし一方でこのレトリックは、ペルシア戦争が一世紀半のあいだに神話化され、現実から離れたところで訴求力を持ったことをも示していよう。

ダレイオス三世は、アレクサンドロスによる追跡中に、側近のベッソスらによって暗殺される。ここに二二〇年続いたアケメネス朝ペルシア帝国は、あっけなく終焉を迎えた。

ダレイオス三世の葬儀

ペルシア帝国では、歴代の王の葬儀は、その後継者によって執りおこなわれてきた。しかし、ルールが守られなかった事例もある。

たとえば、アルタクセルクセス一世の死去後、跡を継いだクセルクセス二世もわずか数日後に暗殺され、新王の地位はセキュンディアノスとダレイオス二世のあいだで争われた。けっきょくアルタクセルクセス一世、クセルクセス二世親子の遺体は、バゴラゾスという名のある宮廷人によって葬られたが、これにたいし後継王の地位をねらっていたセキュンディアノスは、「王の同意なしに彼の父の遺体を捨てたという口実で」、バゴラゾスを処刑してしまう。セキュンディアノスは明らかに、父王の葬儀を自分で執りおこないたかったのだ。このエピソードはひるがえせば、先王の葬儀を仕切ることが、新王の正統性の保証につながったことを示唆しよう。

それでは、ベッソスに暗殺されたのち、ダレイオス三世の遺体はどのように扱われたのだろうか。彼は最後のペルシア王であり、葬儀を取り仕切ってくれる後継王はいなかったはずである。この件について、アリアノスの『アレクサンドロス大王東征記』には、「アレクサンドロスはダレイオスの遺体をペルサイ〔ペルセポリス〕へ送り、ダレイオスに先立って君臨した他の諸王と同じく、王廟に葬るように指示した」とある。じつは、ここで言及されているダレイオス三世の「王廟」と目される遺構が、ペルセポリスに実在する。

先述のとおり、ダレイオス一世以来四代のペルシア王は、ペルセポリスの北に位置する、ナクシェ・ロスタムの地に墓を築いてきた。しかし、アルタクセルクセス二世の代になって、この慣習は放棄された。理由はよくわからないものの、いぜんナクシェ・ロスタムに余地があったにもかかわらず、アルタクセルクセス二世はみずからの墓をペルセポリスの都に隣接して築いた。現在、ペルセポリスには三基の王墓が確認されている。そのうち二基は、ペルセポリス宮殿群の東にのびる丘陵地に築かれており、その外観はナクシェ・ロスタムにある王墓とよく似ている。これらはアルタクセルクセス二世および三世の墓に比定されている。残る一基は、宮殿群から五〇〇メートル南に位置する。

この一つ離れたところにある墓は、じつは完成を見ていない。正面に彫られた王と有翼円盤のレリーフは仕上がっているものの、墓の側面に配置された護衛兵の姿は、下彫りの段階で止まっている。そして何よりも、この墓には墓室とそこへの入口が作られておらず、墓として機能する前に放棄されている。この「未完の墓」は、一八世紀にペルセポリスを訪れた西洋人の旅行記によって知られるようになり、二〇世紀前半にペルセポリスを発掘調査した

7－5　ペルセポリスの「未完の墓」
現在は保存修復のための足場で覆われている

考古学者らによって、ダレイオス三世の墓に比定された（7－5）。

ただし、これには反対意見もあって、墓の形状分析からダレイオス三世が生きた前三三〇年代ではなく、前四世紀初頭に属するとの意見も出ている。いずれにせよ、墓が未完である以上、ダレイオス三世を「他の諸王と同じく、王廟に葬る」というアレクサンドロスの指示は実行されなかったことになる。アリアノス『アレクサンドロス大王東征記』とは別のギリシア語文献史料であるプルタルコス『アレクサンドロス伝』によれば、アレクサンドロスは遺体を母后のシシュガンビスに引き渡したとも伝えられている。

ダレイオスの遺体は、ペルセポリスにある、すでに完成していた二基の墓のいずれかに追葬されたとも推測されているが、誰がどこでどのように葬ったかは、けっきょく不明のままである。

おわりに——アケメネス朝最後の王？　アレクサンドロス

前三三〇年、最後の王ダレイオス三世の暗殺によって、アケメネス朝ペルシアは二二〇年の歴史に幕を閉じた。じつは、ダレイオス三世には、アケメネス朝ペルシア王位の「後継者」とも呼びうる人物が二人いた。一人目は、ダレイオスを暗殺したベッソスである。

ベッソスはこれより前、ダレイオスによってバクトリア総督に任命されていた。ダレイオス暗殺後はいったん本拠地のバクトリアへと逃れ、そこでアレクサンドロスに抵抗をつづけた。バクトリアでの彼は、ペルシア王の衣装を身にまとい、中後期ペルシア帝国の伝統的な即位名である「アルタクセルクセス」を名乗って、王を自称したという。しかしながら、翌前三二九年にベッソスも捕らえられ、アレクサンドロスの前に連行されたのちに処刑された。残念ながら本人の主張にもかかわらず、ベッソスが正統なアケメネス朝の王として数えられることはない。

ダレイオス三世の「後継者」と目されるもう一人の人物は、ダレイオスおよびベッソスを滅亡へと追いやった、アレクサンドロスその人である。打倒ダレイオスを掲げてペルシア遠征を始めたアレクサンドロスだったが、ダレイオスが暗殺されてしまったことにより、自分自身の手でペルシア王を打ち負かすことができなくなってしまった。すると今度は、アレクサンドロスはダレイオスの復讐者となって、逆臣ベッソスを追うことになる。この構図だと、ベッソスではなく、アレクサンドロスこそがダレイオス三世の遺志を継ぐ者となる（そしてアレクサンドロスにとってダレイオスは、敵意から同情の対象へと逆転している）。

フランスの古代ペルシア史家ブリアンは、アレクサンドロスをして「アケメネス朝最後の王」と呼んだ。ベッソスとは異なり、アレクサンドロスはみずからがアケメネス朝ペルシアの王だと公言していたわけではない。したがって、アレクサンドロスがダレイオス三世の後継者となるのは、あくまで現代の歴史家の視点による。一般に西洋古代史、古代オリエント史の分野では、アケメネス朝ペルシア帝国の滅亡とアレクサンドロスの東征をもって、ヘレニズム時代という新しい時代の幕開けと見なす。しかし、裏返せばそれは、前時代との断絶をも含意する。ブリアンが「アケメネス朝最後の王」という言葉に込めた意図は、アケメネス朝時代からヘレニズム時代にかけての連続性の強調であった。

アレクサンドロスはアケメネス朝ペルシア帝国の遺制を積極的に取り入れた。それは、地方総督を介した統治（サトラプ制）の活用や税制の維持といった表層的な継承にとどまらない。ときとしてより深く、社会的・文化的な変革にもおよび、とりわけダレイオス、ベッソスを破ったのちは、その傾向が加速する。アレクサンドロスはペルシア王家から二人の娘を妻に迎え、ダレイオス三世の弟をはじめとしてペルシア人を積極的に取り立てた。さらにはペルシア風の衣装を身にまとい、ペルシア王の冠や印璽《いんじ》といった権力の象徴を用い、みずからの宮廷にペルシアの宮廷儀礼の導入をも試みた。このような政策は「東方かぶれ」として非難の対象にもなるほどだった。

たしかに、アケメネス朝ペルシア帝国の遺産はアレクサンドロスに始まり、その後アケメネス朝の領土の大半を支配したセレウコス朝を経由して、同じ古代イラン＝ペルシア系国家であるアルサケス朝パルティア、サーサーン朝ペルシアへと引き継がれた。この点に着目すれば、アレクサンドロス以前と以後の連続性を主張することも、あながち間違いではない。しかしながら、「アケメネス朝最後の王」というフレーズはキャッチーであるがゆえに、アレクサンドロスの足跡を見誤ってしまう危険性もある。

アレクサンドロスが東征を開始したのは、「アケメネス朝最後の王」になるのが目的ではなく、あくまでアケメネス朝に代わる自身の帝国統治を築くことにあったはずである。実際、アレクサンドロスがアケメネス朝から受け継がなかったものも多い。とりわけアケメネス朝の王権イデオロギーの根幹をなす、地上世界におけるアフラマズダ神の代行者という強烈な観念は、彼とは無縁だった。

アケメネス朝の遺産がアレクサンドロスおよびセレウコス朝に吸収されたとしても、マケドニア人という外来者による変質は避けられず、パルティアおよびサーサーン朝における復活も、少なからず過去の理想化をともなっていた。それゆえ連続性のみを強調するのではなく、アレクサンドロス以後の時代を独立した時代として扱うことにも、いぜん積極的な意義を見出しうるのである。しかしてアケメネス朝ペルシア史をつづることを目的とした本書も、ダレイオス三世の死をもって一区切りつけたい。

あとがき

大学で担当している一、二回生むけの概論の授業では、歴史学の研究にとって史料が生命線であり、物理的にも時間的にもなるべく現場に近いところから発信された情報を重視するようにと教えている。現代風に言えば、「中の人」の投稿を極力こまめにフォローせよ、ということになろう。むろん、ポストモダンにおける実証史学への懐疑や言語論的転回について承知していないわけではない。しかし、歴史研究者の養成機関でもある筆者の所属学科の学生には、まず伝統技能をしっかり身につけてもらわないことには、その先の発展的解消も難しかろうと思う。

ところで、アケメネス朝ペルシア史の場合、「中の人」の声にあたるのは、ペルシア大王みずからが作成したペルシア語、エラム語、アッカド語の三言語併記碑文になる。ところが、これら王直々の碑文は、ダレイオス一世のものはともかくとして、クセルクセスの時代から形式化がはなはだしく進む。これを形骸《けいがい》化と呼ぶか、様式美ととらえるかは、たいへん興味深いテーマではあるが、山あり谷あり、切った張ったの一大興亡史を描くには、あまり都合がよろしくない。かわりに重宝されるのが、ギリシア語文献史料や旧約聖書など、帝国を半歩外から眺めた人たちが残した史料になる。こういった片足は「中の人」のメッセージを、スルメか酢昆布かのごとく、味がしなくなるまで嚙《しが》みつくすのが、アケメネス朝ペルシア史研究の醍醐味《だいごみ》だと筆者は考えている。本書でこれが達成できたどうかかは、いささか心もとないが（おそらくまだまだエキスを搾り出すことは可能であろう）、目指したのはこういうところだ。

本書の大半は二〇二〇年度の後期に執筆した。数年前より決まっていたサバティカル（研究専念期間）の順番が、このタイミングで回ってきたためである。当初は海外の研究機関でお世話になる計画だったが、この年の初めより吹き荒れたコロナ禍により、そんな夢物語はすべて消し飛んでしまった。かわりにもっぱら家に閉じこもって、積んであった本や論文を消化する時間にあてた。おかげで比較的新しい研究動向も反映することができたと思うが、執筆途中でやはり現地に行って確認しておきたい事項も出てきた。コロナ禍が収まって、ふたたび海外調査に自由に行けるようになるまで待つという選択肢もあったかもしれないが、研究は「生もの」なので、できるだけ新鮮なうちに提供することとした。この点については、今後の宿題ということで、お許しいただきたい。

最後になるが、中公新書編集部に紹介の労を取ってくださった中谷功治先生（関西学院大学）、草稿に目を通していただいた田澤恵子さん（古代オリエント博物館）、杉本陽奈子さん（日本学術振興会）、酒嶋恭平さん（エディンバラ大学）、編集を担当してくださった中央公論新社の上林達也さん、胡逸高さんに、この場を借りて厚く御礼申し上げたい。

二〇二一年八月

阿部拓児

Ir%C3%A1n,_2016-09-24,_DD_20-24_PAN.jpg >

3 - 6　写 真　'Tomb of Darius the Great, Naqš-e Rustam' *Livius.org*. 10 May 2021
< https://www.livius.org/pictures/iran/naqs-e-rustam/naqs-e-rustam-tomb-iii/tomb-of-darius-the-great/ >
図 版　G. Rawlinson, *The Seven Great Monarchies of the Ancient Eastern World*, Vol. 2, New York, 1880, 39, Pl. LII

第4章

4 - 2　'The Delphi Tripod' ©Byzantium 1200. 10 May 2021
< http://www.byzantium1200.com/tripod.html >

4 - 3　（上）'Red-figure cup attributed to the Foundry Painter, ARV 402.12' Lewis Collection on loan to the Fitzwilliam Museum, Cambridge. *Wikimedia commons*. 10 May 2021
<https://commons.wikimedia.org/wiki/File:Foundry_Painter_ARV_402_12_symposion_(01).jpg >
（下）'Karaburun, Elmali dignitary 470 BCE' *Wikimedia commons*. 10 May 2021
< https://commons.wikimedia.org/wiki/File:Karaburun_Elmali_dignitary_470_BCE.jpg >

4 - 4　'Palace of Xerxes, Persepolis' *Livius.org*. 10 May 2021
< https://www.livius.org/pictures/iran/persepolis/persepolis-palace-of-xerxes/persepolis-palace-of-xerxes-damaged-xerxes/ >

4 - 5　A. Furtwängler and K. Reichhold, *Griechische Vasenmalerei: Auswahl hervorragender Vasenbilder* (Serie III), München, 1932, Pl. 125

第5章

5 - 1　'Eurymedon vase' Museum für Kunst und Gewerbe, Hamburg. 10 May 2021
< https://sammlungonline.mkg-hamburg.de/de/object/Oinochoe-Eurymedon-Kanne-oder-Perser-Kanne/1981.173/dc00126657 >

第7章

7 - 5　F. Stolze, *Persepolis: die achaemenidischen und sasanidischen Denkmäler und Inschriften*, Vol. 1, Berlin, 1882, Pl. 73

図版出典一覧

第1章

1－3　'Cyrus Cylinder' British Museum, London. *Livius.org.* 10 May 2021
< https://www.livius.org/pictures/a/tablets/cyrus-cylinder/ >

1－4　Peter Paul Rubens, 'Head of Cyrus Brought to Queen Tomyris' Museum of Fine Arts, Boston. *Wikimedia commons.* 10 May 2021
< https://commons.wikimedia.org/wiki/File:Tomiris.jpg >

1－5　'Tomb of Cyrus, Pasargadae' *Livius.org.* 10 May 2021
< https://www.livius.org/pictures/iran/pasargadae/tomb-of-cyrus-1/ >

第2章

2－2　'Naophorus of Wedjahor-Resne' Vatican Museums, Rome. *Livius.org.* 10 May 2021
< https://www.livius.org/pictures/italy/tivoli-tibur/tivoli-museum-pieces/naophoros-of-wedjahor-resne/ >

第3章

3－1　写真　'Darius' relief and inscription, Behistun' *Livius.org.* 10 May 2021
< https://www.livius.org/pictures/iran/behistun/behistun-darius-relief-and-inscription/ >
図版　L.W. King and R.C. Thompson, *Sculptures and Inscription of Darius the Great on the Rock of Behistûn in Persia*, London, 1907, 29, Pl. XIII

3－3　'Palace of Darius, Persepolis' *Livius.org.* 10 May 2021
< https://www.livius.org/pictures/iran/persepolis/persepolis-palace-of-darius/persepolis-palace-of-darius-general-view-1/ >

3－5　'Naqsh-e Rostam' *Wikimedia commons.* 10 May 2021
< https://commons.wikimedia.org/wiki/File:Naghsh-e_rostam,_

Prehistory, Berlin, 1977, 40–50.
Badian E., 'Darius III', *Harvard Studies in Classical Philology* 100, 2000, 241–267.
Briant, P., *Darius in the Shadow of Alexander*, Cambridge (MA), 2015.
Charles, M., 'Two Notes on Darius III', *Cambridge Classical Journal* 62, 2016, 52–64.
Colburn, H.P., 'Memories of the Second Persian Period in Egypt', in J.M. Silverman and C. Waerzeggers (eds.), *Political Memory in and after the Persian Empire*, Atlanta, 2015, 165–202.
Lloyd, A.B., 'Egypt, 404–332 B.C.', *Cambridge Ancient History*^{2} 6, 1994, 337–360.
Rop, J., *Greek Military Service in the Ancient Near East, 401–330 BCE*, Cambridge, 2019.

おわりに

Lane Fox, R., 'Alexander the Great: "Last of the Achaemenids"?', in C. Tuplin (ed.), *Persian Responses: Political and Cultural Interaction with(in) the Achaemenid Empire*, Swansea, 2007, 267–311.
Stronach, D., 'Of Cyrus, Darius and Alexander: A New Look at the "Epitaphs" of Cyrus the Great', in *Variatio Delectat: Iran und der Westen*, Münster, 2000, 681–702.
Strootman, R., *Courts and Elites in the Hellenistic Empires: The Near East after the Achaemenids, c. 330 to 30 BCE*, Edinburgh, 2014.

Bassett, S.R., 'The Death of Cyrus the Younger', *Classical Quarterly* 49, 1999, 473–483.
Briant, P., 'History and Ideology: The Greeks and "Persian Decadence"', in T. Harrison (ed.), *Greeks and Barbarians*, Edinburgh, 2001, 193–210.
Hyland, J.O., *Persian Interventions: The Achaemenid Empire, Athens, and Sparta, 450–386 BCE*, Baltimore, 2017.
Llewellyn-Jones, L., '"That My Body Is Strong": The Physique and Appearance of Achaemenid Monarchy', in D. Boschung, A. Shapiro, and F. Wascheck (eds.), *Bodies in Transition: Dissolving the Boundaries of Embodied Knowledge*, Paderborn, 2015, 211–248.
Mossman, J., 'A Life Unparalleled: Artaxerxes', in N. Humble (ed.), *Plutarch's Lives: Parallelism and Purpose*, Swansea, 2010, 145–168.
Sancisi-Weerdenburg, H., 'Decadence in the Empire or Decadence in the Sources?: From Source to Synthesis: Ctesias', *Achaemenid History* 1, 1987, 33–45.
Sancisi-Weerdenburg, H., 'The Fifth Oriental Monarch and Hellenocentrism: *Cyropaedia* VIII viii and Its Influence', *Achaemenid History* 2, 1987, 117–131.
Weiskopf, M.N., *The So-called 'Great Satraps' Revolt', 366–360 B.C.*, Stuttgart, 1989.

第７章

クレイトン、P.（吉村作治監修）『古代エジプト ファラオ歴代誌』創元社、1999年。

澤田典子『アレクサンドロス大王――今に生きつづける「偉大なる王」』山川出版社、2013年。

澤田典子『アレクサンドロス大王』ちくまプリマー新書、2020年。

田中穂積「バビロニアとヘレニズム（１）――バビロンとアレクサンドロス大王」『人文論究』45-4、1996年、11-24頁。

ボーデン、H.（佐藤昇訳）『アレクサンドロス大王』刀水書房、2019年。

森谷公俊『王宮炎上――アレクサンドロス大王とペルセポリス』吉川弘文館、2000年。

森谷公俊『アレクサンドロス大王――「世界征服者」の虚像と実像』講談社選書メチエ、2000年。

森谷公俊『アレクサンドロスの征服と神話』講談社、2007年。

森谷公俊『新訳 アレクサンドロス大王伝――『プルタルコス英雄伝』より』河出書房新社、2017年。

Badian, E., 'A Document of Artaxerxes IV?', in K.H. Kinzl (ed.), *Greece and the Eastern Mediterranean in Ancient History and* the Northwestern Front', in J.J. Collins and J.G. Manning (eds.), *Revolt and Resistance in the Ancient Classical World and the Near East: In the Crucible of Empire*, Leiden, 2016, 93–102.

第5章

阿部拓児「サルデイスの「火祭壇」——考古遺物から見るペルシア帝国の宗教政策」『関学西洋史論集』39、2016年、25–40頁。
中井義明「ペルシア戦争は何時終わったのか」『社会科学』74、2005年、23–46頁。
仲手川良雄『テミストクレス——古代ギリシア 天才政治家の発想と行動』中公叢書、2001年。
ノート、M.（樋口進訳）『イスラエル史』日本キリスト教団出版局、1983年。
師尾晶子「カリアスの平和——前5世紀のギリシア－ペルシア関係をめぐって」『クリオ』4、1990年、23–42頁。
山我哲雄『聖書時代史 旧約篇』岩波現代文庫、2003年。
Dusinberre, E.R.M., *Empire, Authority and Autonomy in Achaemenid Anatolia*, Cambridge, 2013.
Meyer, E., 'The Athenian Expedition to Egypt and the Value of Ctesias', *Phoenix* 72, 2018, 43–61.
Stolper, M.W., 'The Death of Artaxerxes I', *Archäologische Mitteilungen aus Iran* 16, 1983, 223–236.
Stolper, M.W., *Entrepreneurs and Empire: The Murašû Archive, the Murašû Firm, and Persian Rule in Babylonia*, Leiden, 1985.
Stolper, M.W., 'Bēlšunu the Satrap', in F. Rochberg (ed.), *Language, Literature, and History: Philological and Historical Studies Presented to Erica Reiner*, New Haven, 1987, 389–402.
Stolper, M.W., 'Mesopotamia, 482–330 B.C.', *Cambridge Ancient History*^{2} 6, 1994, 234–260.
Yamauchi, E.M., *Persia and the Bible*, Grand Rapids, 1990.

第6章

阿部拓児「キュロスの帝国とペルシア衰退論——クセノフォン『キュロスの教育』にみるペルシア史像」『人文知の新たな総合に向けて：21世紀 COE プログラム「グローバル化時代の多元的人文学の拠点形成」第4回報告書』下巻、2006年、3–25頁。

阿部拓児「クテシアス『ペルシア史』と前4世紀ギリシア語文献におけるペルシア帝国衰退史観」『史潮』新65、2009年、93–112頁。

周藤芳幸「コノンの像——古典期アテネにおける彫像慣習の一考察」『西洋古典学研究』61、2013年、36–47頁。

Almagor, E., *Plutarch and the Persica*, Edinburgh, 2018.

1982年。
前野弘志「ある碑文の歴史——いわゆるデルフィの蛇柱碑文の場合」『史学研究』272、2011年、1-26頁。
Bridges, E., *Imagining Xerxes: Ancient Perspectives on a Persian King*, London, 2015.
Bridges, E., E. Hall, and P.J. Rhodes (eds.), *Cultural Responses to the Persian Wars: Antiquity to the Third Millennium*, Oxford, 2007.
Hall, E., *Inventing the Barbarian: Greek Self-Definition through Tragedy*, Oxford, 1989.
Keaveney, A., 'Persian Behaviour and Misbehaviour: Some Herodotean Examples', *Athenaeum* 84, 1996, 23-48.
Kuhrt, A. and S. Sherwin-White, 'Xerxes' Destruction of Babylonian Temples', *Achaemenid History* 2, 1987, 69-78.
Miller, M.C., *Athens and Persia in the Fifth Century BC: A Study in Cultural Receptivity*, Cambridge, 1997.
Miller, M.C., 'Quoting "Persia" in Athens', in R. Strootman and M.J. Versluys (eds.), *Persianism in Antiquity*, Stuttgart, 2017, 49-67.
Morgan, J., *Greek Perspectives on the Achaemenid Empire: Persia through the Looking Glass*, Edinburgh, 2016.
Sancisi-Weerdenburg, H., 'Exit Atossa: Images of Women in Greek Historiography on Persia', in A. Cameron and A. Kuhrt (eds.), *Images of Women in Antiquity*, London, 1983, 20-33.
Sancisi-Weerdenburg, H., 'The Personality of Xerxes, King of Kings', in L. de Meyer and E. Haerinck (eds.), *Archaeologia Iranica et Orientalis: Miscellanea in Honorem Louis Vanden Berghe*, Ghent, 1989, 549-560.
Sancisi-Weerdenburg, H., 'Yaunā by the Sea and across the Sea', in I. Malkin (ed.), *Ancient Perceptions of Greek Ethnicity*, Cambridge (MA), 2001, 323-346.
Stephenson, P., *The Serpent Column: A Cultural Biography*, Oxford, 2016.
Stoneman, R., *Xerxes: A Persian Life*, New Haven, 2015.
Trainor, S., 'The Odeon of Pericles: A Tale of the First Athenian Music Hall, the Second Persian Invasion of Greece, Theatre Space in Fifth Century BCE Athens, and the Artifacts of an Empire', *Theatre Symposium* 24, 2016, 21-40.
Vlassopoulos, K., *Greeks and Barbarians*, Cambridge, 2013.
Waerzeggers, C., 'The Babylonian Revolts against Xerxes and the "End of Archives"', *Archiv für Orientforschung* 50, 2003/2004, 150-173.
Waters, M., 'Xerxes and the Oathbreakers: Empire and Rebellion on

児島建次郎・森谷公俊『ユーラシア文明とシルクロード——ペルシア帝国とアレクサンドロス大王の謎』雄山閣、2016年、54-77頁。
雪嶋宏一『スキタイ——騎馬遊牧国家の歴史と考古』雄山閣、2008年。
Abe, T., 'The Two Orients for Greek Writers', *Kyoto Journal of Ancient History* 11, 2011, 1-14.
Balcer, J.M., *Herodotus and Bisitun: Problems in Ancient Persian Historiography*, Stuttgart, 1987.
Brosius, M., *Women in Ancient Persia (559-331 BC)*, Oxford, 1996.
Finn, J., 'Gods, Kings, Men: Trilingual Inscriptions and Symbolic Visualizations in the Achaemenid Empire', *Ars Orientalis* 41, 2011, 219-275.
Garrison, M.B., 'Visual Representation of the Divine and the Numinous in Early Achaemenid Iran: Old Problems, New Directions', in C. Uehlinger and F. Graf (eds.), *Iconography of Deities and Demons in the Ancient Near East (IDD)*, Leiden, 2009. (Electronic Pre-Publication: http://www.religionswissenschaft.unizh.ch/idd)
Henkelman, W.F.M., *The Other Gods Who Are: Studies in Elamite-Iranian Acculturation Based on the Persepolis Fortification Texts*, Leiden, 2008.
Henkelman, W.F.M. and C. Redard (eds.), *Persian Religion in the Achaemenid Period*, Wiesbaden, 2017.
Stronach, D., 'Darius at Pasargadae: A Neglected Source for the History of Early Persia', *Topoi*, Suppl. 1, 1997, 351-363.
Tuplin, C., 'Darius' Accession in (the) Media', in P. Bienkowski, C. Mee, and E. Slater (eds.), *Writing and Ancient Near Eastern Society: Papers in Honour of Alan R. Millard*, New York, 2005, 217-244.
Waters, M., 'Darius and the Achaemenid Line', *Ancient History Bulletin* 10, 1996, 11-18.
Waters, M., 'Cyrus and the Achaemenids', *Iran: Journal of the British Institute of Persian Studies* 42, 2004, 91-102.

第4章

酒嶋恭平「ディオドロス・シクロス『歴史叢書』におけるペルシア戦争——ヒメラの戦いに注目して」『洛北史学』23、2021年、1-27頁。

中井義明「クセルクセス」『文化学年報』59、2010年、1-27頁。

馬場恵二『ペルシア戦争——自由のための戦い』教育社歴史新書、

中心に」『エジプト学研究セミナー2017』関西大学国際文化財・文化研究センター、2018年、81-106頁。
藤子不二雄『カンビュセスの籤——藤子不二雄 SF 全短編　第1巻』中央公論社、1987年。
星野宏美「マネトン『エジプト史』とヘレニズム世界——プトレマイオス朝エジプトにおける歴史認識の変化」『史窓』75、2018年、152-131頁（逆綴じ）。
山中美知「マネトン再考——古代エジプト王朝史記述とその受容」『筑波大学 地域研究』28、2007年、37-49頁。
Brown, T.S., 'Herodotus' Portrait of Cambyses', *Historia* 31, 1982, 387-403.
Colburn, H.P., *Archaeology of Empire in Achaemenid Egypt*, Edinburgh, 2019.
Cook, R.M., 'Amasis and the Greeks in Egypt', *Journal of Hellenic Studies* 57, 1937, 227-237.
Cruz-Uribe, E., 'The Invasion of Egypt by Cambyses', *Transeuphratène* 25, 2003, 9-58.
Depuydt, L., 'Murder in Memphis: The Story of Cambyses's Mortal Wounding of the Apis Bull (Ca. 523 B.C.E.)', *Journal of Near Eastern Studies* 54, 1995, 119-126.
Dillery, J., 'Cambyses and the Egyptian *Chaosbeschreibung* Tradition', *Classical Quarterly* 55, 2005, 387-406.
Lloyd, A.B., 'The Inscription of Udjaḥorresnet a Collaborator's Testament', *Journal of Egyptian Archaeology* 68, 1982, 166-180.
McPhee, B.D., 'A Mad King in a Mad World: The Death of Cambyses in Herodotus', *Histos* 12, 2018, 71-96.
Morkot, R., 'Nubia and Achaemenid Persia: Sources and Problems', *Achaemenid History* 6, 1991, 321-336.

第3章

青木健『新ゾロアスター教史——古代中央アジアのアーリア人・中世ペルシアの神聖帝国・現代インドの神官財閥』刀水書房、2019年。

川瀬豊子「ハカーマニシュ朝ペルシアの交通・通信システム」『岩波講座 世界歴史２』岩波書店、1998年、301-318頁。

高津春繁・関根正雄『古代文字の解読』岩波書店、1964年。

杉勇『楔形文字入門』講談社学術文庫、2006年。

林俊雄『スキタイと匈奴——遊牧の文明』講談社、2007年。

ボイス、M.（山本由美子訳）『ゾロアスター教——3500年の歴史』講談社学術文庫、2010年。

森谷公俊「ダレイオス１世とアカイメネス朝の創出」、山田勝久・

Jacobs, B., 'From Gabled Hut to Rock-Cut Tomb: A Religious and Cultural Break between Cyrus and Darius?', in J. Curtis and St J. Simpson (eds.), *The World of Achaemenid Persia: History, Art and Society in Iran and the Ancient Near East*, New York, 2010, 91–101.
Lanfranchi, G., M. Roaf, and R. Rollinger (eds.), *Continuity of Empire (?): Assyria, Media, Persia*, Padua, 2003.
Miroschedji, P. de, 'La fin du royaume d'Anšan et de Suse et la naissance de l'Empire perse', *Zeitschrift für Assyriologie und Vorderasiatische Archäologie* 75, 1985, 265–306.
Potts, D.T., 'Cyrus the Great and the Kingdom of Anshan', in V.S. Curtis and S. Stewart (eds.), *Birth of the Persian Empire*, London, 2005, 7–28.
Potts, D.T., *The Archaeology of Elam: Formation and Transformation of an Ancient Iranian State* (Second Edition), Cambridge, 2016.
Radner, K., 'Assyria and the Medes', in D.T. Potts (ed.), *The Oxford Handbook of Ancient Iran*, Oxford, 2013, 442–456.
Rollinger, R., 'The Medes of the 7th and 6th c. BCE: A Short-Term Empire or Rather a Short-Term Confederacy?', in R. Rollinger, J. Degen, and M. Gehler (eds.), *Short-Term Empires in World History*, Wiesbaden, 2020, 189–213.
Sancisi-Weerdenburg, H., 'The Zendan and the Ka'bah', in H. Koch and D.N. MacKenzie (eds.), *Kunst, Kultur und Geschichte der Achämenidenzeit und ihr Fortleben*, Berlin, 1983, 145–151.
Sancisi-Weerdenburg, H., 'Was There Ever a Median Empire?', *Achaemenid History* 3, 1988, 197–212.
Tuplin, C., 'Medes in Media, Mesopotamia, and Anatolia: Empire, Hegemony, Domination or Illusion?', *Ancient West and East* 3, 2005, 223–251.
Waters, M., *A Survey of Neo-Elamite History*, Helsinki, 2000.
Waters, M., 'Media and Its Discontents', *Journal of the American Oriental Society* 125, 2005, 517–533.
Zournatzi, A., 'Cyrus the Great as a "King of the City of Anshan"', *Tekmeria* 14, 2017/2018, 149–180.

第２章

中務哲郎「カンビュセス・エピソードについて：Hdt. Ⅲ 36」『西洋古典学研究』23、1975年、18–29頁。

藤井信之「エジプトは「折れた葦」か？——前１千年紀のエジプト史再考に向けて」、飯田収治編『西洋世界の歴史像を求めて』関西学院大学出版会、2006年、35–53頁。

藤井信之「サイス王朝（第26王朝）時代のエジプト——対外政策を

化』京都大学学術出版会、2015年。
阿部拓児「クテシアスとヘロドトス――ギリシア史学史におけるペルシア史叙述の伝統」『洛北史学』20、2018年、95-120頁。
アンドレ＝サルヴィニ、B.（斎藤かぐみ訳）『バビロン』白水社文庫クセジュ、2005年。
大貫良夫・前川和也・渡辺和子・屋形禎亮『人類の起原と古代オリエント』中央公論社、1998年。
小林登志子『古代メソポタミア全史――シュメル、バビロニアからサーサーン朝ペルシアまで』中公新書、2020年。
サイード、E.W.（今沢紀子訳）『オリエンタリズム』（全２冊）平凡社ライブラリー、1993年。
藤縄謙三『歴史の父ヘロドトス』新潮社、1989年。
山田重郎『ネブカドネザル２世――バビロンの再建者』山川出版社、2017年。
Abe, T., 'Herodotus' First Language: The State of Language in Halicarnassus', *Talanta: Proceedings of the Dutch Archaeological and Historical Society* 46/47, 2014/2015, 145-164.
Folmer, M., 'Aramaic as *Lingua Franca*', in R. Hasselbach-Andee (ed.), *A Companion to Ancient Near Eastern Languages*, Hoboken (NJ), 2020, 373-399.
Harrison, T., *Writing Ancient Persia*, London, 2011.
Johandi, A., 'Mesopotamian Influences on the Old Persian Royal Ideology and Religion: The Example of Achaemenid Royal Inscriptions', *ENDC Proceedings* 16, 2012, 159-179.
Panaino, A., 'The Mesopotamian Heritage of Achaemenian Kingship', in S. Aro and R.M. Whiting (eds.), *The Heirs of Assyria*, Helsinki, 2000, 35-49.
Sancisi-Weerdenburg, H., 'Introduction', *Achaemenid History* 1, 1987, xi-xiv.
Stronk, J.P., *Semiramis' Legacy: The History of Persia according to Diodorus of Sicily*, Edinburgh, 2017.

第１章

佐藤進「メディアおよびペルシアにおける民族と国家の形成」『オリエント』38-2、1995年、16-37頁。
森茂男「キュロス出生譚」『オリエント』18-2、1975年、65-79頁。
Drews, R., 'Sargon, Cyrus and Mesopotamian Folk History', *Journal of Near Eastern Studies* 33, 1974, 387-393.
Heller, A., 'Why the Greeks Know so Little about Assyrian and Babylonian History', in R. Rollinger and E. van Dongen (eds.), *Mesopotamia in the Ancient World*, Münster, 2015, 331-348.

ポンペイウス・トログス／ユニアヌス・ユスティヌス抄録（合阪學訳）『地中海世界史』京都大学学術出版会、1998年。
Diodorus Siculus, *Library of History* (Loeb Classical Library), 12 vols., Cambridge (MA), 1933-1967.
Kuhrt, A., *The Persian Empire: A Corpus of Sources from the Achaemenid Period*, London, 2007.

通史あるいは全体にかんするもの

青木健『ペルシア帝国』講談社現代新書、2020年。
足利惇氏『ペルシア帝国』講談社、1977年。
小川英雄・山本由美子『オリエント世界の展開』中央公論社、1997年。
永田雄三編『西アジア史II——イラン・トルコ』山川出版社、2002年。
日本オリエント学会編『古代オリエント事典』岩波書店、2004年。
Briant, P., *From Cyrus to Alexander: A History of the Persian Empire*, Winona Lake, 2002.
Brosius, M., *A History of Ancient Persia: The Achaemenid Empire*, Hoboken (NJ), 2021.
Cook, J.M., *The Persian Empire*, London, 1983.
Depuydt, L., *From Xerxes' Murder (465) to Arridaios' Execution (317): Updates to Achaemenid Chronology (Including Errata in Past Reports)*, Oxford, 2008.
Encylopaedia Iranica online. (https://www.iranicaonline.org)
Kent, R.G., *Old Persian: Grammar, Texts, Lexicon*, New Haven, 1953.
Lincoln, B., *Religion, Empire, and Torture: The Case of Achaemenian Persia, with a Postscript on Abu Ghraib*, Chicago, 2007.
Llewellyn-Jones, L., *King and Court in Ancient Persia 559 to 331 BCE*, Edinburgh, 2013.
Olmstead, A.T., *History of the Persian Empire*, Chicago, 1948.
Root, M.C., *The King and Kingship in Achaemenid Art: Essays on the Creation of an Iconography of Empire*, Leiden, 1979.
Ruzicka, S., *Trouble in the West: Egypt and the Persian Empire, 525–332 BCE*, Oxford, 2012.
Waters, M., *Ancient Persia: A Concise History of the Achaemenid Empire, 550–330 BCE*, Cambridge, 2014.

序章

阿部拓児「歴史家クテシアスの経歴と『ペルシア史』——ペルシア宮廷滞在をめぐって」『西洋史学』228、2007年、43-57頁。

阿部拓児『ペルシア帝国と小アジア——ヘレニズム以前の社会と文

主要参考文献

本文中で引用した文献史料

アイリアノス（松平千秋・中務哲郎訳）『ギリシア奇談集』岩波文庫、1989年。

アッリアノス（大牟田章訳）『アレクサンドロス大王東征記 付インド誌』（全2冊）岩波文庫、2001年。

イソクラテス（小池澄夫訳）『弁論集』（全2冊）京都大学学術出版会、1998-2002年。

伊藤義教『古代ペルシア――碑文と文学』岩波書店、1974年。

「ウジャホルレスネトの自伝碑文」（藤井信之訳）、歴史学研究会編『世界史史料1――古代のオリエントと地中海世界』岩波書店、2012年。

『旧約聖書14 ダニエル書・エズラ記・ネヘミヤ記』（村岡崇光訳）岩波書店、1997年。

クセノポン（根本英世訳）『ギリシア史』（全2冊）京都大学学術出版会、1998-1999年。

クセノポン（松本仁助訳）『キュロスの教育』京都大学学術出版会、2004年。

クテシアス（阿部拓児訳）『ペルシア史／インド誌』京都大学学術出版会、2019年。

ストラボン（飯尾都人訳）『ギリシア・ローマ世界地誌』（全2冊）龍渓書舎、1994年。

ディオゲネス・ラエルティオス（加来彰俊訳）『ギリシア哲学者列伝』（全3冊）岩波文庫、1984-1994年。

ディオン・クリュソストモス（内田次信訳）『トロイア陥落せず――弁論集 2』京都大学学術出版会、2012年。

フラウィウス・ヨセフス（秦剛平訳）『ユダヤ古代誌』（全6冊）ちくま学芸文庫、1999-2000年。

プルタルコス（伊藤照夫訳）「アレクサンドロスの運または徳について」『モラリア 4』京都大学学術出版会、2018年。

プルタルコス（柳沼重剛訳）「ペリクレス伝」『英雄伝 2』京都大学学術出版会、2007年。

ヘーゲル（長谷川宏訳）『歴史哲学講義』（全2冊）岩波文庫、1994年。

ヘロドトス（松平千秋訳）『歴史』（全3冊）岩波文庫、1971-1972年。

399	エジプト第29王朝成立（～380）
395	コリントス戦争（～387）
380	エジプト第30王朝成立（～342）
387	「大王の和約」締結
366	「大総督反乱」発生（～361）
358	アルタクセルクセス２世死去、⑧アルタクセルクセス３世即位
343	ペルシアによるエジプト再征服（第31王朝）
338	アルタクセルクセス３世死去、アルセス即位
336	アルセス死去（暗殺）、⑨ダレイオス３世即位 マケドニアでアレクサンドロス３世（大王）即位
334	アレクサンドロスの東方遠征開始
331	ガウガメラの戦い
330	ダレイオス３世死去（暗殺）

アケメネス朝ペルシア帝国　関連年表

年号はすべて紀元前である

年	項目
626	アッシリア帝国から新バビロニア王国が分離独立
612	アッシリアの首都ニネヴェ陥落
609	アッシリアの滅亡
559	①キュロス2世、ペルシア王に即位？
550	キュロスによるメディア征服
	アケメネス朝ペルシア帝国の創建
540年代	ペルシア帝国によるリュディア王国征服
539	ペルシア帝国による新バビロニア王国征服
530	キュロス死去、②カンビュセス2世即位
525	ペルシア帝国によるエジプト征服
522	カンビュセス死去、③ダレイオス1世即位
515	エルサレムの「第二神殿」竣工
510年代	ダレイオスによる対インド、リビア、スキタイ遠征
499	イオニア反乱（～493）
492	マルドニオスのギリシア北部遠征
490	ダティス指揮下、対ギリシア遠征（マラトンの戦い）
486	ダレイオス1世死去、④クセルクセス即位
481	クセルクセスの対ギリシア遠征（～479）
478	アテナイによるデロス同盟結成
472	アイスキュロス作『ペルシア人』の上演
466？	エウリュメドンの戦い
465	クセルクセス死去（暗殺）、⑤アルタクセルクセス1世即位
462	エジプトでイナロスの反乱発生（～456/5）
449	カリアスの和約締結？
447	アテナイのアクロポリス再開発
431	ペロポネソス戦争開戦（～404）
424/3	アルタクセルクセス1世死去
	クセルクセス2世、セキュンディアノスの治世を経て、⑥ダレイオス2世即位
405/4	ダレイオス2世死去、⑦アルタクセルクセス2世即位
	エジプトの独立（第28王朝）
401	クナクサの戦い

地図作成　ケー・アイ・プランニング

阿部拓児（あべ・たくじ）

1978年生まれ，愛知県出身．2008年，京都大学大学院文学研究科博士後期課程修了．博士（文学）．日本学術振興会海外特別研究員（リヴァプール大学・ライデン大学）を経て，2012年より京都府立大学文学部准教授．専門は西洋史（ギリシア），オリエント史（小アジア，ペルシア）．

著書『ペルシア帝国と小アジア』（京都大学学術出版会，2015年）
『論点・西洋史学』（ミネルヴァ書房，2020年，共著）ほか

訳書 クテシアス『ペルシア史／インド誌』（京都大学学術出版会，2019年）

アケメネス朝《ちょう》ペルシア
――史上初《しじょうはつ》の世界帝国《せかいていこく》
中公新書 *2661*

2021年9月25日発行

著　者　阿部拓児
発行者　松田陽三

本文印刷　三晃印刷
カバー印刷　大熊整美堂
製　本　小泉製本

発行所　中央公論新社
〒100-8152
東京都千代田区大手町 1-7-1
電話　販売 03-5299-1730
　　　編集 03-5299-1830
URL http://www.chuko.co.jp/

Published by CHUOKORON-SHINSHA，INC.
Printed in Japan　ISBN978-4-12-102661-3 C1222

中公新書刊行のことば

いまからちょうど五世紀まえ、グーテンベルクが近代印刷術を発明したとき、書物の大量生産は潜在的可能性を獲得し、いまからちょうど一世紀まえ、世界のおもな文明国で義務教育制度が採用されたとき、書物の大量需要の潜在性が形成された。この二つの潜在性がはげしく現実化したのが現代である。

いまや、書物によって視野を拡大し、変りゆく世界に豊かに対応しようとする強い要求を私たちは抑えることができない。この要求にこたえる義務を、今日の書物は背負っている。だが、その義務は、たんに専門的知識の通俗化をはかることによって果たされるものでもなく、通俗的好奇心にうったえて、いたずらに発行部数の巨大さを誇ることによって果たされるものでもない。現代を真摯に生きようとする読者に、真に知るに価いする知識だけを選びだして提供すること、これが中公新書の最大の目標である。

私たちは、知識として錯覚しているものによってしばしば動かされ、裏切られる。私たちは、作為によってあたえられた知識のうえに生きることがあまりに多く、ゆるぎない事実を通して思索することがあまりにすくない。中公新書が、その一貫した特色として自らに課すものは、この事実のみの持つ無条件の説得力を発揮させることである。現代にあらたな意味を投げかけるべく待機している過去の歴史的事実もまた、中公新書によって数多く発掘されるであろう。

中公新書は、現代を自らの眼で見つめようとする、逞しい知的な読者の活力となることを欲している。

一九六二年一一月

中公新書

世界史

1353 物語 中国の歴史　寺田隆信
2392 中国の論理　岡本隆司
2303 殷―中国史最古の王朝　落合淳思
2396 周―理想化された古代王朝　佐藤信弥
2542 漢帝国―400年の興亡　渡邉義浩
12 史　記　貝塚茂樹
2099 三国志　渡邉義浩
7 宦《かん》官《がん》(改版)　三田村泰助
15 科《か》挙《きょ》　宮崎市定
1812 西《せい》太《たい》后《こう》　加藤　徹
2030 上　海　榎本泰子
1144 台　湾　伊藤　潔
2581 台湾の歴史と文化　大東和重
925 物語 韓国史　金　両基
1367 物語 フィリピンの歴史　鈴木静夫
1372 物語 ヴェトナムの歴史　小倉貞男
2208 物語 シンガポールの歴史　岩崎育夫
1913 物語 タイの歴史　柿崎一郎
2249 物語 ビルマの歴史　根本　敬
1551 海の帝国　白石　隆
2518 オスマン帝国　小笠原弘幸
1858 中東イスラーム民族史　宮田　律
2323 文明の誕生　小林登志子
2523 古代オリエントの神々　小林登志子
1818 シュメル―人類最古の文明　小林登志子
1977 シュメル神話の世界　岡田明子・小林登志子
2613 古代メソポタミア全史　小林登志子
1594 物語 中東の歴史　牟田口義郎
2496 物語 アラビアの歴史　蔀　勇造
1931 物語 イスラエルの歴史　高橋正男
2067 物語 エルサレムの歴史　笈川博一
2205 聖書考古学　長谷川修一
2647 高地文明　山本紀夫
2253 禁欲のヨーロッパ　佐藤彰一
2409 贖罪のヨーロッパ　佐藤彰一
2467 剣と清貧のヨーロッパ　佐藤彰一
2516 宣教のヨーロッパ　佐藤彰一
2567 歴史探究のヨーロッパ　佐藤彰一
2661 朝ペルシア―史上初の世界帝国 アケメネス　阿部拓児

中公新書

世界史

e2

- 1045 物語 イタリアの歴史 藤沢道郎
- 1771 物語 イタリアの歴史 II 藤沢道郎
- 2508 貨幣が語る ローマ帝国史 比佐 篤
- 2413 ガリバルディ 藤澤房俊
- 2595 ビザンツ帝国 中谷功治
- 2152 物語 近現代ギリシャの歴史 村田奈々子
- 2440 バルカン―「ヨーロッパの火薬庫」の歴史 M・マゾワー 井上廣美訳
- 1635 物語 スペインの歴史 岩根圀和
- 1750 物語 スペインの歴史 人物篇 岩根圀和
- 1564 物語 カタルーニャの歴史(増補版) 田澤 耕
- 2582 百年戦争 佐藤 猛
- 2658 物語 パリの歴史 福井憲彦
- 1963 物語 フランス革命 安達正勝
- 2286 マリー・アントワネット 安達正勝
- 2466 ナポレオン時代 A・ホーン 大久保庸子訳
- 2529 ナポレオン四代 野村啓介
- 2318 2319 物語 イギリスの歴史(上下) 君塚直隆
- 2167 イギリス帝国の歴史 秋田 茂
- 1916 ヴィクトリア女王 君塚直隆
- 1215 物語 アイルランドの歴史 波多野裕造
- 1420 物語 ドイツの歴史 阿部謹也
- 2304 ビスマルク 飯田洋介
- 2490 ヴィルヘルム2世 竹中 亨
- 2583 鉄道のドイツ史 鴋澤 歩
- 2546 物語 オーストリアの歴史 山之内克子
- 2434 物語 オランダの歴史 桜田美津夫
- 2279 物語 ベルギーの歴史 松尾秀哉
- 1838 物語 チェコの歴史 薩摩秀登
- 2445 物語 ポーランドの歴史 渡辺克義
- 1131 物語 北欧の歴史 武田龍夫
- 2456 物語 フィンランドの歴史 石野裕子
- 1758 物語 バルト三国の歴史 志摩園子
- 1655 物語 ウクライナの歴史 黒川祐次
- 1042 物語 アメリカの歴史 猿谷 要
- 2209 アメリカ黒人の歴史 上杉 忍
- 2623 古代マヤ文明 鈴木真太郎
- 1437 物語 ラテン・アメリカの歴史 増田義郎
- 1935 物語 メキシコの歴史 大垣貴志郎
- 1547 物語 オーストラリアの歴史 竹田いさみ
- 2545 物語 ナイジェリアの歴史 島田周平
- 1644 ハワイの歴史と文化 矢口祐人
- 2561 キリスト教と死 指 昭博
- 2442 海賊の世界史 桃井治郎
- 518 刑吏の社会史 阿部謹也
- 2663 物語 イスタンブールの歴史 宮下 遼